마음이 쑥쑥! - 초등 사회 정서 ❺

사회 정서 지능을 키우는 마음 상담소

요코야마 쿄코 감수
윤지나 옮김

내 마음이 궁금해!

서사원주니어

상처받은 내 마음을 안아주는
마음 돌보기

우리의 마음은 항상 똑같지 않아요. 자꾸만 기분이 오락가락해서 힘들 때도 있지요. 하지만 그건 어른이든 아이든, 남자든 여자든 누구나 겪는 일이랍니다. 이 책에서는 지친 마음을 다독이기 위한 '마음 돌보기'를 해 볼 거예요. 마음 돌보기란 자신의 마음을 스스로가 잘 보듬고 돌봐주는 방법을 말해요.

마음 돌보기, 왜 해야 하나요?

마음을 돌봐주면 기운을 내야할 때 힘을 잘 발휘할 수 있어요. 내가 하고 싶은 일도 더 수월하게 해낼 수 있고요. 그리고 친구나 가족과 부딪히는 일이 생기더라도 서로 상처 주지 않으면서 더 좋은 관계로 나아갈 수 있답니다.

그렇다면 마음속이 답답할 때 어떻게 마음을 돌봐주면 좋을까요? 지금 내 마음이 어떤 상태인지, 또 앞으로 어떤 모습이 되고 싶은지를 살펴보며 나에게 꼭 맞는 마음 돌보기 방법을 함께 알아봐요.

들어가며

　일상생활을 하다 보면 '마음이 답답하고 기분이 안 좋아.', '왜 이렇게 내 마음대로 안 되지?' 하는 생각이 들 때가 있지 않나요? 특히 사춘기가 시작되는 10대 무렵에는 일이 뜻대로 풀리지 않는 것처럼 느껴질 때가 많아요. 스스로 바라는 모습과 현실 사이의 차이가 클수록 답답한 마음도 더 커지고요.

　또, 다른 사람들의 시선을 의식하다 보면 '나는 다른 친구들보다 너무 부족한 것 같아.', '혹시 사람들이 날 이상하게 생각하면 어쩌지?'와 같은 걱정이 들기도 하고, '다들 지켜보고 있으니까 더 잘해야 해.'라는 부담 때문에 오히려 실력을 제대로 발휘하지 못하기도 해요. 예전에는 신경도 쓰지 않던 일들이 갑자기 마음에 걸려서 학교에 가기 싫어질 때도 있지요.

이런 고민들을 단번에 해결할 수 있다면 참 좋겠지만, 안타깝게도 모든 문제를 한꺼번에 해결해주는 마법 같은 방법은 없어요. 살다 보면 기대와 현실의 차이 때문에 실망할 수도 있고, 주변 사람들의 반응에 신경 쓰다가 자신감을 잃기도 해요. 그렇다고 해서 자신을 탓하지는 마세요. 나의 실수나 부족한 점을 인정하는 데는 큰 용기가 필요해요. 먼저 나 자신을 있는 그대로 받아들이는 것부터 시작해 보면 어떨까요?

이 책에서 소개하는 마음 돌보기 방법을 차근차근 따라 해 보세요. 조금씩 생각이 달라지고 마음이 한결 편안해질 거예요. 어느 순간, '오늘의 내가 어제의 나보다 더 좋아.'라고 느끼게 될지도 몰라요. 그럼 지금부터, 우리 함께 마음 돌보기를 시작해 볼까요?

일본 조치대학교 심리학과 교수
요코야마 쿄코

- 들어가며 ·· 6

PART 1 마음이 뭐야?

- 소중한 나의 마음 ·· 16
- 감정에 이름을 붙여요 ·· 20
- 내 마음과 친해지는 법 ·· 26
- 나를 지키는 마음 돌보기 ·· 32
- 마음과 뇌의 관계 ·· 42

건강한 마음을 만드는 몸 돌보기 ①
- 균형 잡힌 영양과 아침 식사 ········· 46

PART 2 마음 돌보기 -부정적인 감정이 들 때

오늘의 감정 1	짜증이 나서 친구에게 상처를 줬어요 ········· 52
마음 돌보기 1	잠깐 멈춤! 마음을 가라앉혀요 ········· 54
오늘의 감정 2	자꾸 포기해서 자신감이 없어요 ········· 56
마음 돌보기 2	작은 성공부터 차곡차곡 쌓아요 ········· 58
오늘의 감정 3	실패만 해서 친구들이 떠날까 걱정돼요 ········· 60
마음 돌보기 3	실패를 두려워하지 말고 나만의 장점을 찾아요 ········· 62

오늘의 감정 4	잘못했는데 사과하기 어려워요 …… 64
마음 돌보기 4	나를 한 발 떨어져서 보고 사과하는 연습을 해요 …… 66
오늘의 감정 5	그때그때 다른 나! 진짜 나는 누구지? …… 68
마음 돌보기 5	모두 진짜 나예요. 무리하지 마세요 …… 70
오늘의 감정 6	남과 나를 비교하느라 하고 싶은 걸 못해요 …… 72
마음 돌보기 6	다른 사람의 입장에서 내 마음을 관찰해 봐요 …… 74
오늘의 감정 7	공부를 못해서 속상해요 …… 76
마음 돌보기 7	공부를 못하는 원인을 찾아 해결해요 …… 78
오늘의 감정 8	무기력해서 하루하루가 따분해요 …… 80
마음 돌보기 8	의욕이 없을 땐 일단 시작해요 …… 82
오늘의 감정 9	혼자는 외로운데, 친구를 사귀기 어려워요 …… 84
마음 돌보기 9	다가가기 쉬운 친구가 되어 봐요 …… 86
오늘의 감정 10	싸운 후 화해하는 법을 모르겠어요 …… 88
마음 돌보기 10	친구와 내 마음, 더 중요한 쪽을 선택해요 …… 90

오늘의 감정 11	학교 가기 싫어요. 꼭 가야 될까요?	92
마음 돌보기 11	이유가 명확하다면 가지 않아도 괜찮아요	94
오늘의 감정 12	지적받기 싫어요. 속이 좁은 걸까요?	96
마음 돌보기 12	속상한 게 당연해요. 마음가짐을 바꿔 봐요	98
오늘의 감정 13	친구가 질투 나요	100
마음 돌보기 13	자신감이 생기면 질투심을 다스릴 수 있어요	102
오늘의 감정 14	별것 아닌 일로 짜증이 나서 부모님과 부딪혀요	104
마음 돌보기 14	사춘기를 건강하게 넘기는 방법을 알아봐요	106
오늘의 감정 15	거절을 못해서 괴로워요	108
마음 돌보기 15	나와 상대의 기분을 모두 존중해요	110
오늘의 감정 16	SNS에 빠져 시간을 낭비해요	112
마음 돌보기 16	스마트폰, SNS는 규칙을 정해 사용해요	114

건강한 마음을 만드는 몸 돌보기 ②
근육과 긴장을 푸는 운동 ···································· 116

PART 3 마음 돌보기 -더 잘하고 싶을 때

오늘의 감정 1	시험을 잘 보고 싶어요!	122
마음 돌보기 1-1	작은 성공을 쌓아 자신감을 키워요	124
마음 돌보기 1-2	시험 준비를 철저히 해요	126
마음 돌보기 1-3	주위 시선보다 나 자신에게 집중해요	128
오늘의 감정 2	주목을 받고 싶어요!	130
마음 돌보기 2-1	다 함께 잘해야 나도 빛날 수 있어요!	132
마음 돌보기 2-2	프로가 되고 싶다면 공부도 열심히 해야 해요	134
마음 돌보기 2-3	긴장을 풀고 여유를 가져요	136
오늘의 감정 3	꿈과 목표를 찾고 싶어요!	138
마음 돌보기 3-1	좋아하는 것에 집중하면 꿈의 씨앗이 보여요	140
마음 돌보기 3-2	포기하고 싶을 때는 스스로를 격려해요	142
마음 돌보기 3-3	좋아하는 게 뭔지 모른다면 이유를 찾아봐요	144

오늘의 감정 ④	친구가 많으면 좋겠어요!	146
마음 돌보기 4-1	관심사가 비슷하면 친해질 기회가 생겨요	148
마음 돌보기 4-2	학교 밖에서도 친구를 사귈 수 있어요	150
마음 돌보기 4-3	지금의 친구 관계를 돌아봐요	152
오늘의 감정 ⑤	새로운 것에 도전하고 싶어요!	154
마음 돌보기 5-1	도전하는 것 자체가 가치 있는 일이에요	156
마음 돌보기 5-2	불안을 용기로 바꿔 봐요	158
마음 돌보기 5-3	'도전해야 하는데….' 하고 초조해하지 마세요	160
오늘의 감정 ⑥	되고 싶은 내 모습이 있어요!	162
마음 돌보기 6-1	지금의 나도 괜찮아요	164
마음 돌보기 6-2	시간을 들여 천천히 변해 가면 돼요	166
마음 돌보기 6-3	변화를 두려워하지 않는 용기를 가져요	168

건강한 마음을 만드는 몸 돌보기 ③
회복력을 높여주는 질 좋은 수면 ········· 170

- 마음 상담 창구 ········· 171
- 나가며 ········· 172
- 참고 문헌 ········· 174

PART

마음이 뭐야?

소중한 나의 마음

 마음은 쉴 새 없이 휙휙 변해요

"오늘 기분은 어땠나요?"라는 질문에 "오늘은 기분이 ~했어요."라고 자신 있게 말하는 사람은 별로 없을 거예요. 왜냐하면 우리 마음은 하루에도 몇 번씩 휙휙 바뀌니까요. 어지러울 정도로요.

내 물건을 어디에다 두고 와 기분이 안 좋다가도, 맛있는 간식을 먹으면 금방 기분이 좋아져요. 그러다 문득 친구가 나를 어떻게 생각할까 불안해지기도 하지요. 조금 전까지 푹 빠져 있던 취미가 갑자기 시시하게 느껴진 적도 있을 거예요. 이렇게 우리의 마음은 쉴 새 없이 변한답니다. 떠올려 보세요. 나도 내 마음을 잘 알기 어려워서 답답했던 경험이 있지요?

마음이 뭐야? PART 1

 사춘기는 몸과 마음이 쑥쑥 자라는 시기예요

　기분이 이랬다저랬다 해서 당황스러운 건 누구나 겪는 일이에요. 밝아 보이는 친구에게도 말하지 못한 고민이 있을 수 있어요. 초등학교 고학년에서 고등학교 시기까지는 '사춘기'가 이어져요. 이때는 어른이 되기 위해 몸과 마음이 빠르게 자라면서 균형이 쉽게 흔들릴 수 있어요. 아직은 어린이이고 싶은데 몸만 훌쩍 큰 것 같아 마음이 따라가지 못하기도 하고, 반대로 빨리 어른이 되고 싶은데 몸이 기대만큼 자라지 않아 고민하는 친구들도 있지요. ==몸과 마음이 성장하는 시기와 속도는 사람마다 달라요. 나 스스로가 낯설게 느껴지는 것도 사춘기에는 자연스러운 일이랍니다.==

마음도 몸과 함께 자라요

유치원생 ▶ 초등학생 ▶ 중학생

 부모님과 부딪히는 건 자연스러운 일이에요

　사춘기가 되면 '부모님이 짜증 나.', '선생님이 잔소리를 너무 많이 해.'와 같은 불만을 느낄 때가 있을 거예요. 대들거나 심한 말을 한 후에 후회하는 친구들도 있지 않나요? 사춘기에는 흔히 일어나는 일이에요.
　여러분은 어른들이 다양한 경험을 했기 때문에 마음도 멋지게 성장했을 거라고

생각할지 몰라요. 하지만 부모님과 선생님 중에는 아이를 처음 키우는 분들도 있어요. 그래서 여러분이 어린이에서 어른으로 자라는 과정에서 일어나는 여러 일들에 어떻게 대처해야 할지 몰라 당황할 때도 있답니다. 게다가 어른들도 여러분처럼 일상에서 몸과 마음이 지쳐 감정이 오락가락할 때가 많아요. 그렇게 서로 지친 상태로 집에서 마주치면, 뜻하지 않게 부딪히는 일이 생기지요.

 내 마음을 있는 그대로 받아들여요

　마음이 강해지면 답답했던 고민이 사라질까요? '강한 마음'이라고 하면 부정적인 감정을 날려버릴 강철 같은 마음이 떠오를지도 몰라요. 하지만 정반대예요. ==다양한 감정과 기분을 그대로 받아들이고 포근하게 안아주는 마음이 진짜 강한 마음이에요.==

　'이런 일로 힘들다니 난 너무 나약한가 봐.', '더 힘든 사람들도 있을 텐데….'라고 생각하는 친구들도 있을 거예요. 하지만 그럴 때일수록 ==부정적인 감정을 밀어내지 말고 '지금 나는 이렇게 느끼고 있구나.' 하고 있는 그대로 받아들여 보세요.== 그것만으로도 마음이 한결 가벼워질 수 있어요.

　나의 마음을 가장 잘 돌보고 지켜줄 수 있는 건 나 자신이라는 걸 잊지 마세요. 지금 내가 느끼는 감정을 있는 그대로 받아들이는 것이, 내 마음을 지키는 첫걸음이랍니다.

마음이 뭐야? **PART 1**

소중한 친구나 반려동물,
인형에게 말하듯이
"항상 잘하고 있어."라고
스스로의 마음에게 말해주세요.

감정에 이름을 붙여요

 사람은 다양한 감정을 느껴요

　'신나서 가만히 못 있겠어.', '왠지 짜증 나!', '갑자기 슬퍼서 눈물이 날 것 같아.' 매 순간의 감정을 이렇게 정확한 말로 표현하는 게 어려운 친구도 있지요?

　사람이 느끼는 감정은 아주 다양해요. 대표적인 감정으로는 행복하고 마음이 편안할 때 느끼는 기쁨, 눈물이 날 것 같고 힘이 없을 때 느끼는 슬픔, 짜증과 화가 날 때 느끼는 분노, 무섭거나 불안한 마음인 두려움 등이 있어요. 그 밖에도 우리 안에는 다채로운 감정이 있고, 때로는 여러 감정이 복잡하게 뒤섞이기도 해요.

마음이 뭐야? **PART 1**

대표적인 감정

기쁨
나 자신 또는 다른 사람의 행복이나 성공을 통해 느끼는 행복한 감정. 긍정적이고 밝은 감정

혐오
심하게 미워하고 싫어하는 감정. 자신을 불쾌하게 하는 것과 관련된 감정

믿음
믿고 의지가 되는 감정. 호의적이고 긍정적인 감정

슬픔
울고 싶은 괴로운 감정. 부정적이고 어두운 감정

두려움
사물에 대해 무섭다고 느끼는 감정. 좋지 않은 일이 일어날지도 모른다고 걱정하는 감정

기대
바라는 상태나 결과를 기다릴 때의 감정. 이루어지기를 간절히 기다리는 감정

놀람
깜짝 놀랄 때의 감정. 예상하지 못한 일이 벌어질 때 느끼는 감정

분노
짜증이 나고 화가 나는 감정. 뜻대로 되지 않거나 마음에 상처를 입었을 때 느끼는 감정

감정을 글로 쓰며 정리해요

내가 느끼는 감정이 무엇인지 이해하는 건 매우 중요해요. 말로 설명하기 어려웠던 감정에 이름을 붙이고 나면, 마음이 편안해지고 다른 사람에게 나의 상태를 더 잘 전달할 수 있거든요.

먼저 내가 지금 어떤 감정을 느끼고 있는지, 그 이유는 무엇인지 글로 써 보세요. 노트, 스마트폰 등 어디든 좋으니 편한 곳에 적어 보세요. 다른 사람이 볼 수 없도록 노트를 잘 숨겨 두거나 스마트폰에 비밀번호를 걸어 두는 것도 잊지 마세요.

어떤 일이 있었는지, 그 일로 어떤 감정을 느꼈는지, 왜 그렇게 느꼈는지, 이 세 가지를 차근차근 써 보는 게 중요해요. 다음 쪽에 있는 예시를 참고해서 연습해 보세요. 매일 연습해도 좋고 생각날 때마다 써 봐도 괜찮아요. 글로 쓰다 보면 '오늘은 행복한 하루였어.', '답답했던 이유는 사실 화가 나서였구나.'처럼 내가 느낀 감정을 스스로 알아차리게 돼요. 그러면 복잡했던 마음이 정리되고, 내 감정을 있는 그대로 받아들일 수 있지요.

이렇게 감정을 글로 쓰는 습관은 화가 나거나 슬픈 마음을 정리하는 데도 도움이 돼요. 예를 들어 중요한 경기에서 졌거나 사랑하는 반려동물이 무지개다리를 건넜을 때처럼 힘든 마음을 주체할 수 없을 때, 그 마음을 글로 써 보세요. 감정을 꺼내어 어딘가에 쓰면 마치 '내 마음 밖'에서 나를 바라보는 것처럼 느껴져요. 그렇게 하면 내가 왜 힘들었는지 알 수 있고, 마음도 한결 가벼워져요.

 감정은 한마디로 표현하기 어려워요

감정을 글로 쓰다 보면, 내가 느끼는 마음을 한마디로 표현하기 어렵다는 걸 알게 될 거예요. 감정은 때때로 복잡하게 뒤섞여 나타나기도 하거든요.

마음이 뭐야? **PART 1**

 감정을 정리하는 연습

내가 좋아하는 책을 추천했는데 친구가 "난 무서운 책 싫어해."라며 딱 잘라 말했다고 상상해 보세요.

감정 쓰기 ①

1 어떤 일이 있었더라?

친구에게 좋아하는 책을 추천했는데 "난 무서운 책 싫어해."라는 말을 들었다.

2 어떤 감정을 느꼈지?

"어, 그래?" 하며 깜짝 놀랐다.

3 왜 그렇게 느꼈을까?

나는 재미있었는데 나와 반대로 느끼는 친구도 있을 거라고 예상하지 못했기 때문이다.

감정 쓰기 ②

1 어떤 일이 있었더라?

친구에게 좋아하는 책을 추천했는데 "난 무서운 책 싫어해."라는 말을 들었다.

2 어떤 감정을 느꼈지?

조금 충격을 받았다. 살짝 속상하고 슬픈 것 같기도 하다.

3 왜 그렇게 느꼈을까?

내가 좋아하는 걸 무시당한 느낌이 들었기 때문이다.

예를 들어 육상대회에서 라이벌인 친구에게는 졌지만 자신의 최고 기록을 경신했다면 속상하면서 한편으로는 뿌듯하기도 할 거예요. 또 친구와 신나게 놀다가 헤어질 시간이 되면, 즐거운 마음과 아쉬운 마음이 동시에 찾아오기도 하지요. 친구가 무언가를 성공했을 때 진심으로 축하하지 못하는 내 마음 때문에 괴로웠던 적도 있을 거예요. 이렇게 여러 감정이 동시에 드는 건 이상한 게 아니에요.

여러 감정이 섞이면서 생겨나는 감정

      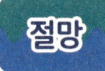

믿음 + 놀람 = 호기심
잘 모르거나 흔치 않은 것에 대해 궁금해지는 마음. 무언가에 긍정적으로 흥미를 갖게 돼요.

두려움 + 슬픔 = 절망
희망을 잃어버린 마음. 너무 슬프고 앞으로 어떤 일이 벌어질지 몰라 무섭기도 해요.

기쁨 + 놀람 = 감동
뭔가로부터 강렬한 인상을 받아 마음이 움직이는 것. 의욕이나 긍정적인 감정을 일으키기도 해요.

기대 + 두려움 = 걱정
이런저런 생각을 하면서 고민하는 마음. 미래를 생각하면 기대되면서도 불안해져요.

혐오 + 슬픔 = 후회
어떤 일을 저지른 다음 잘못했다고 느끼는 마음. 나 자신이 싫어지기도 해요.

슬픔 + 분노 = 질투
타인을 부러워하는 마음. 샘이 나서 짜증이 나거나 다른 사람과 자신을 비교하며 우울하고 슬픈 감정을 느끼기도 해요.

> 여러 감정이 섞이면 더 복잡한 감정이 생겨나요.

이건 10대인 여러분뿐 아니라 어른들에게도 흔히 일어나는 일이에요. 여러 감정이 한꺼번에 느껴져 복잡한 마음이 들더라도, '이런 감정을 받아들이려고 애쓰면서 나는 더 성장하고 있어.'라고 생각해 보세요.

마음의 상태는 몸으로 나타나요

또 하나 주의할 점은 몸에 나타나는 변화예요. 마음과 몸은 서로 연결되어 있다는 사실을 알고 있나요? 예를 들어 덥거나 추울 때, 다치거나 열이 날 때처럼 몸이 스트레스를 받으면 불쾌하다는 감정이 생겨나요.

반대로 마음이 몸에 영향을 주기도 해요. 슬퍼서 눈물이 흐르거나 긴장해서 손에 땀이 난 경험이 있지요? 행복할 때도 마찬가지예요. 누군가 나에게 친절하게 대해주면 가슴이 따뜻해지고, 칭찬을 받으면 몸이 깃털처럼 가볍게 느껴지곤 해요.

마음이 건강하지 못할 때 몸의 상태가 나빠지는 것도 마음과 몸이 이어져 있다는 증거예요. 스트레스가 쌓이면 배가 아프거나 입맛이 없어지기도 하고, 반대로 무엇이든 마구 먹고 싶어질 수도 있어요. 하지만 이런 몸의 변화는 스스로 알아차리기 어려울 때가 많아요. 그래서 노트나 앱에 몸의 변화를 함께 기록해 두면 도움이 돼요. 그렇게 하면 '이번 일이 내 마음에 큰 부담이 되었구나.'하고 스스로 확인할 수 있지요.

내 마음과 친해지는 법

 성격을 결정짓는 유전 + 환경 + 사고방식

앞에서 감정을 정리하면 지금 내 마음을 더 잘 이해할 수 있다고 했지요. 그런데 감정을 정리하려면 자신의 성격을 이해하는 게 중요해요. '있는 그대로의 나'는 과연 어떤 모습일까요? 예를 들어 '밝고 씩씩하다', '책임감이 강하다', '뭐든 알아서 잘한다'처럼 스스로 생각하는 내 성격이 있을 거예요.

성격의 바탕은 타고난 기질이에요. 부모님이나 친척들로부터 물려받은 것이라고도 할 수 있어요. 하지만 그것만으로 성격이 결정되지는 않아요.

성격은 다른 사람과의 관계 속에서 변화해요

하지만 성격이 이것만으로 결정되지는 않아. 내가 스스로를 어떻게 바라보느냐에 따라 성격은 달라질 수 있어!

성격은 가정이나 학교, 학원 같은 생활 환경과 가족, 친구, 선생님처럼 가까운 사람들의 영향을 받으며 형성된다고 해요. 예를 들어, 주위에 "열심히 하는구나!"라고 칭찬해주는 사람들이 많으면 '더 열심히 해야지!'라는 의욕이 생겨서 적극적인 성격으로 자라게 돼요. 하지만 주변에 "뭘 그렇게 열심히 해?", "촌스럽게 무슨 공부냐?"라고 타박하는 사람들이 많으면 의욕이 사라지겠지요.

물론 나의 성격이 온전히 타인에 의해서만 결정되지는 않아요. 상대의 태도를 어떻게 받아들이냐에 따라 성격이 달라질 수도 있어요. 예를 들어 시험 점수가 나올 때마다 "넌 왜 점수가 맨날 이 모양이야? 커서 뭐가 될래?"라고 혼이 나면 자연스럽게 공부가 싫어지고 공부할 의욕도 사라질 거예요. 그만큼 자신감도 떨어질 거고요.

하지만 이럴 때 가만히 혼나기만 하기보다는 "열심히 해서 다음 시험은 더 잘 볼게요."라고 의욕을 보이거나, "열심히 했는데 아직 어려워요. 좀 도와주실 수 있나요?"라고 제안을 해 보면 내 성격이 더 긍정적으로 바뀌는 계기가 될 수도 있어요.

 내 안에는 여러 가지 모습이 있어요

나 스스로나 주변 사람들이 나를 '밝고 씩씩한 아이' 또는 '뭐든 알아서 잘하는 아이'라고 생각하더라도, 그게 나의 전부는 아니에요. 가끔은 혼자 조용히 시간을 보내고 싶을 때도 있고, 집에서는 빈둥거리며 아무것도 하기 싫을 때도 있지요. 이렇게 내 안에는 나 자신과 주변 사람들이 생각하는 것과는 완전히 다른 모습들이 많이 숨어 있어요.

'밝고 씩씩하다', '무엇이든 알아서 잘한다'라는 말은 한 사람의 성격 중에서 눈에 띄는 일부분을 나타낸 말일 뿐이에요. 한 사람 안에 여러 가지 성격이 있는 건

마음이 뭐야? **PART 1**

우리의 성격은 여러 가지예요

사람은 대부분 여러 가지 성격을 가지고 있어! 스스로 이상하거나 문제가 있다고 생각하지 말고, 있는 그대로 받아들이자.

<u>아주 자연스러운 일이에요.</u> 상대나 상황에 따라 다른 성격이 나타나는 것도 흔히 있는 일이랍니다.

  친구들과 있을 때는 무엇이든 척척 잘하지만 가족들에게는 떼를 쓰고 어리광을 부린다든지, 평소에는 내 의견을 잘 말하지만 모두가 있는 단톡방에서는 쉽게 말을 꺼내지 못할 수도 있어요. 이런 여러 모습이 한 사람 안에 있는 건 전혀 이상한

29

일이 아니에요. 오히려 주변 상황을 잘 파악해, 그에 맞게 행동하는 거라고 볼 수 있지요.

나의 새로운 모습을 발견하면 당황스러울 수도 있을 거예요. 하지만 그건 나의 마음이 쑥쑥 잘 자라고 있다는 뜻이에요. 나의 다양한 모습을 있는 그대로 받아들이는 것이 내 마음과 친해지는 비결이랍니다.

 10대는 자신을 찾아 여행을 떠나는 시기예요

10대는 성격이 다양하게 변하면서 스스로의 가능성을 넓혀 가는 시기예요. 아직은 무엇을 좋아하고 싫어하는지, 무엇을 잘하거나 어려워하는지 잘 모를 수도 있지요.

그러니까 내가 해보고 싶은 일이 있다면, 친구들이 별로라고 하거나 나에게 잘 맞지 않을까 봐 망설여지더라도 일단 도전해 보세요. 흥미가 생겼다는 건 마음이 움직였다는 뜻이니까요. 내 마음에 귀 기울일 수 있는 건 나 자신뿐이라는 걸 잊지 마세요.

내가 뭘 하고 싶은지 누군가 아는 게 부끄럽다면 혼자만의 비밀로 간직해도 괜찮아요. 물론 가족이나 친구들에게 숨기는 게 생기면 마음이 불편할 수도 있어요.

하지만 이런 비밀은 나에게 소중한 것을 지키기 위한 것이니까 나쁜 게 아니에요.

 나의 '진짜 마음'을 소중히 다뤄야 해요

여러분은 친구나 가족, 선생님과 생각이 달랐던 경험이 있나요? 그럴 때 "제 생각은 조금 달라요." 하고 말할 수 있다면 좋겠지만, 항상 그렇게 하기는 쉽지 않지요.

그럴 땐 먼저 '아, 그렇게 생각할 수도 있구나.'라고 다른 사람의 생각을 받아들여 보세요. 그런 다음 '내 생각은 다르지만 말이야.'라고 나의 마음도 인정해주면 돼요. 꼭 내 의견을 크게 말하지 않더라도 괜찮답니다.

나와 다른 사람의 생각이 완전히 똑같을 수는 없다는 걸 이해하면 나만의 '진짜 마음'을 소중히 여길 수 있어요. 서로의 마음을 존중하면 주변 사람들과도 훨씬 잘 지낼 수 있지요. 내가 좋아하는 물건을 아끼듯, 내 마음도 소중히 지켜주세요.

서로의 마음을 받아들여요

> 마음이 뭐야?

나를 지키는 마음 돌보기

 좋은 스트레스와 나쁜 스트레스

  안 좋은 일이 있어서 마음이 힘들 때 "아, 스트레스 받아."라고 말하곤 하지요? 그래서 스트레스는 무조건 나쁜 것처럼 느껴질지도 몰라요. 하지만 스트레스는 나쁘기만 한 게 아니에요. 좋은 스트레스도 있어요.

  예를 들어 시험을 잘 보겠다는 적극적인 자세로 공부하는 건 좋은 스트레스를 받는 거예요. 프로 스포츠 선수가 경기할 때 "아자!" 외치면서 의지를 다지는 것도 같은 경우지요. <mark>이렇게 좋은 스트레스를 잘 활용하면 나의 능력을 마음껏 발휘하는 데 도움이 돼요.</mark> 목표를 이루겠다는 스트레스가 있어야 공부나 연습이 잘 되기

마음이 뭐야? PART 1

도 하니까요.

반면 '열심히 해야 하는데…', '꼭 성공해야 하는데….'라는 생각이 크면 스트레스가 심해질 수 있어요. 너무 긴장하면 심장이 계속 두근거리거나 밥을 먹지 못할 수도 있어요. 이런 경우는 나쁜 스트레스를 받고 있는 상태예요.

 나만의 스트레스 해소법을 찾아봐요

시험이나 경기가 있을 때뿐 아니라 일상에서도 불안하거나 긴장될 때가 있지요. 예를 들어 학교에서 친구와의 사이가 삐걱거리면 어떻게 해야 할지 막막해져요. 또 열심히 노력하는데 가족들이 인정해주지 않거나, 무언가를 그만두고 싶은데 아무도 내 마음을 이해하지 못할 때도 있어요. 그럴 때는 불안한 마음이 더 커질 수 있답니다.

스트레스 체크리스트

나도 모르게 스트레스가 쌓이면 건강이 나빠질 수도 있어요. 아래 항목 중에서 나에게 해당하는 게 몇 개인지 세어 보세요.

- ☐ 최근 멍하게 있을 때가 많다
- ☐ 게임, 운동, 만화책 보기 등 좋아하는 걸 해도 즐겁지 않다
- ☐ 밥이나 간식을 먹어도 맛이 없다
- ☐ 별것 아닌 일로 짜증이 난다
- ☐ 주변 사람들이 뒤에서 내 이야기를 하는 것 같아 신경이 쓰인다
- ☐ 이유 없이 불안을 느낄 때가 있다
- ☐ 아침에 일어날 때 몸이 무겁다

체크한 항목이 많을수록 스트레스가 심한 상태예요. 좋아하는 것이나 관심 있는 일에 집중하는 시간을 만들어 스트레스를 풀어 보세요.

📝 적어 봐요

내 마음에 도움이 되는 것

- 친구와 게임하며 놀기
- 만화 보기
- 많이 자기
- 달콤한 음식 먹기
- 욕조에 물 받고 목욕하기

★ 좋아하는 게 떠오를 때마다 적어 보세요.

네가 좋아하는 일 여섯 가지를 골라서 주사위에 적어 봐. 그리고 주사위를 던져서 나온 걸 해 보는 거야!

나쁜 스트레스를 줄이려면 그 원인을 해결하는 게 가장 좋아요. 하지만 언제나 그렇게 쉽게 해결되지는 않지요. 짜증이 나는 이유를 딱 집어 말하기 어려울 때도 있고, 작은 스트레스가 쌓이다가 점점 커져서 나를 콕콕 찌르듯 괴롭힐 때도 있어요.

스트레스를 잘 다루려면 마음을 쉬게 하는 시간이 필요해요. 평소 내가 좋아하거나 관심이 있는 일을 하면서 안 좋은 기분을 조금이라도 잊어 보세요. 예를 들어 예능 프로그램을 보거나 가볍게 뛰는 것도 좋고 그림을 그리는 것도 좋겠지요. 뭐라도 괜찮으니 '내 마음에 도움이 되는 것' 목록을 만들어 두세요.

 괴롭거나 힘든 감정을 받아들여요

누구나 일상생활 속에서 괴롭거나 힘들다고 느낄 때가 있어요. 이럴 땐 학교에도 가기 싫고 아무것도 하고 싶지 않은 기분이 들 거예요. 그러면 '내가 게을러서 그런 걸까?', '이런 감정을 느끼는 게 문제 아닐까?' 하고 생각할지도 몰라요. 하지만 그렇게 생각하지 말고 아무리 작은 불편한 감정이라도 그대로 받아들여 보세요.

괴롭고 힘들 때는 누군가에게 이야기하거나 맛있는 걸 먹으며 기분 전환을 하는 것도 좋아요. 하지만 여러분이 스스로를 격려하고 도울 수 있다면 더 좋을 거예요. 도움이 될 세 가지 방법을 소개할게요.

마음 돌보기 1 마음 챙김

스트레스를 관리하는 방법 중 하나가 바로 '마음 챙김'이에요. 마음 챙김은 호흡에 집중하면서 마음과 몸의 감각을 하나로 맞추는 걸 말해요. 우리는 어떤 사물이나 감정에 대해 '이건 좋아, 저건 나빠.', '이건 옳고, 저건 틀려.'처럼 쉽게 판단해 버리곤 하지요. 그런데 마음 챙김을 하면 이런 판단을 내려놓고, 사물이나 감정을 있는 그대로 바라볼 수 있어요. 그러면 불필요한 생각에 휩쓸리지 않게 되고 쌓여 있던 스트레스나 답답한 기분도 한결 줄어들어요.

바쁜 하루를 보내다 보면 내 마음을 살펴볼 틈이 없다고 느낄 때가 많아요. 하지만 기쁜 일이든 불쾌한 일이든, 모두 있는 그대로 받아들이면 스스로의 기분을 무시하거나 자기 자신에게 상처를 주지 않을 수 있어요.

마음 돌보기 2 긍정적인 생각

이어달리기 경기에서 졌을 때 어떤 친구는 '아, 열받아!'라고 생각하고, 또 어떤 친구는 '다음에는 더 잘해야지.'라고 다짐할 거예요. '어쩔 수 없지.' 하며 대수롭지 않게 넘기는 친구도 있겠지요. 이렇게 같은 일을 겪어도 느끼는 감정은 사람마다 달라요. 힘들고 괴롭다고 여기는 기준이나 세상을 바라보는 관점이 모두 다르기 때문이에요.

관점을 조금 바꿔 보면 같은 일도 더 긍정적으로 받아들일 수 있고, 괴로울 때도 미래를 희망적으로 바라볼 수 있어요. 예를 들어 시험을 앞두고 '이제 일주일밖에 안 남았네.'라고 생각하면 불안해지지만, '아직 일주일이나 남았네.'라고 생각하면 여유가 생겨 더 차분하게 공부에 집중할 수 있는 것처럼요.

마음이 뭐야? PART 1

1 마음 챙김 연습을 해요

좋다, 나쁘다, 맞다, 틀리다 같은 판단은 잠시 내려놓고 지금 이 순간의 나 자신을 그대로 바라보세요. 답답했던 마음이 한결 가벼워져요.

평소의 마음 상태

지나간 일이 떠올라 우울하기도 하고, 미래를 생각하면 설레거나 불안해서 지금 이 순간을 온전히 느끼지 못하는 상태예요.

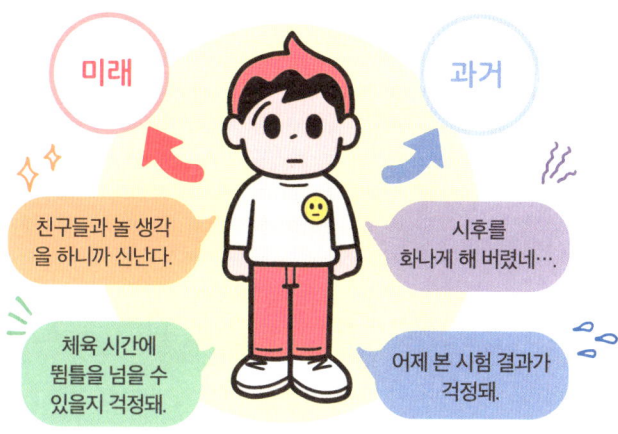

이렇게 해 봐요

등을 펴고 앉아 눈을 감고 천천히 다섯 번 심호흡해요.

집중 포인트

숨이 들고 날 때 코와 배의 움직임에 집중하세요. '점점 콧속이 차가워져.'나 '배가 부풀어 오르네.'처럼 숨을 들이쉴 때의 감각을 느껴 봐요.

 37

긍정적으로 생각하는 연습을 해요

긍정적인 시각에 익숙해지면 마음이 훨씬 단단하고 건강해질 거예요. 매일 다양한 상황에서 시도해 보세요.

시각 바꾸기

정말 맛있는 조각 케이크를 반쯤 먹은 상황이에요.

A: 이제 케이크가 반밖에 안 남았네.
B: 아직 케이크가 반이나 남았네!

A 처럼 생각하면 상황이 부정적으로 느껴져요.
B 처럼 생각하면 같은 상황도 긍정적으로 바라볼 수 있어요.

이렇게 바꿔 말해 볼까요?

부정적으로 들리는 말도 긍정적인 말로 표현할 수 있어요. 세상을 바라보는 눈을 바꾸는 연습을 해 봐요.

- 화를 잘 내
  ↳ 열정이 넘쳐
- 고집쟁이야
  ↳ 자기 의견이 뚜렷해
- 지는 걸 싫어해
  ↳ 쉽게 포기하지 않아

- 뭐든 금방 싫증내
  ↳ 호기심이 풍부해
- 시끄러워
  ↳ 밝고 활달해
- 성격이 급해
  ↳ 적극적이야

마음이 뭐야? **PART 1**

긍정적인 시각에 익숙해지면 내가 좋아하지 않았던 것에서도 좋은 점이 보이기 시작해요. 부정적으로만 보던 것을 긍정적으로 보려는 연습을 계속하다 보면 나에게도 좋은 점이 많다는 걸 깨닫게 되고, 점점 '내가 바라는 나의 모습'에 가까워지고 있다는 자신감도 생길 거예요. 나 자신뿐만 아니라 주변 사람들의 장점도 쉽게 발견할 수 있게 되고요.

이 방법을 통해 스스로를 더 좋아하게 된다면 그건 정말 멋진 변화예요. 어떤 문제에 부딪혀도 '이 정도쯤은 괜찮아.', '안 좋은 일이 있어도 지금의 나도 충분히 괜찮아.'처럼 누구와도 비교하지 않고 나 자신을 중심으로 생각할 수 있을 거예요.

마음 돌보기 ③ 배려하는 마음

일상 속에서 친구나 가족 등 다른 사람과의 관계 때문에 고민이 되었던 적 있지요? 예를 들어, 나는 무서운 영화를 싫어하는데 친구가 같이 보러 가자 했다고 생각해 보세요. "무서운 영화는 보고 싶지 않아."라고 거절할 수 있는 친구도 있겠지만, '친구가 속상할 거야.', '앞으로 나에게 같이 가자고 하지 않으면 어떡하지?' 하는 생각 때문에 차마 거절하지 못하고 속으로만 답답해할 수도 있어요.

그런데 이렇게 자기 감정을 억누르고 상대의 의견만 따르면 시간이 지날수록 점점 더 힘들어져요. 그렇다고 자기 주장만 내세우거나 상대방의 마음을 무시하면 오히려 다툼으로 이어질 수도 있지요.

이러한 갈등을 줄이려면 나 자신과 상대방을 똑같이 존중해야 해요. 한쪽이 일방적으로 자기 주장만 하거나 상대방을 무시하는 게 아니라, 서로를 배려하면서 자신의 의견을 표현하는 거예요. 예를 들어, 무서운 영화를 같이 보자고 한 친구에게는 "같이 보자고 해줘서 고마워. 그런데 난 무서운 영화는 잘 못 봐서 이번에는 안 갈게. 대신 다음에 다른 영화 같이 보자!"처럼 솔직하면서도 따뜻하게 말해 보세요.

39

3 나와 상대를 모두 배려하는 연습을 해요

이번에는 대화의 예시를 살펴봐요. 여러분은 어디에 해당되나요?
`아쉬워요`를 `좋아요!`로 바꿀 수 있도록 친구와 이야기할 때 주의해 보세요.

아쉬워요
자기의 의견은 확실히 말할 수 있지만 상대에 대한 배려가 부족한 (공격적인) 상태

내가 더 중요해.

아쉬워요
상대를 배려해 신경을 쓰지만 자신의 의견은 말하지 못하는 상태

네가 더 중요해.

좋아요!
자신의 의견을 말하면서 상대방도 배려해 균형이 잘 잡힌 상태

둘 다 중요해.

"내일은 안 돼."라고만 말하면 친구는 '뭐야? 기껏 생각해서 말해줬더니….'라며 서운해할지도 몰라요. 그리고 "무서운 영화는 싫어."라고만 딱 잘라 말하면 친구는 자기가 좋아하는 걸 무시당한 느낌이 들어 기분이 상할 수도 있어요. 그럴 때는 함께 가지 못하는 이유를 이야기하면 친구도 내 상황을 충분히 이해해줄 거예요. 그리고 "같이 가자고 해줘서 고마워. 기분 좋았어."라는 말과 함께 "다음에 또 같이 가자고 해줘."라는 말을 붙이는 것도 잊지 마세요.

 즐거운 마음으로 매일 연습해요

이렇게 마음을 돌보는 연습을 하면 괴롭거나 힘든 일로부터 내 마음을 지킬 수 있어요. 이 책에서는 여러 가지 마음 돌보기 방법을 소개하고 있으니 생활 속에서 꼭 실천해 보세요. 여러 번 반복하면서 습관으로 만드는 게 중요해요.

다만 목표를 너무 크게 잡지는 마세요. 책에서 소개하는 방법을 시도해 보았지만 마음처럼 되지 않을 때도 있을 거예요. 그래도 실망하지 마세요. 용기를 내어 도전한 나를 먼저 칭찬해주세요. 스스로를 칭찬하고 격려하면서 무리하지 않는 선에서 즐겁게 이어 가는 것, 그것이 꾸준히 실천할 수 있는 비결이에요.

앞으로 PART 2 에서는 부정적인 마음을 푸는 방법을, PART 3 에서는 더 잘하고 싶을 때 도움 되는 방법을 소개할 거야!

마음과 뇌의 관계

 사람의 마음은 뇌에서 시작돼요

　마음은 눈에 보이지 않지만 화가 나면 심장이 두근두근하면서 빠르게 뛰는 게 느껴져요. 반대로 안심이 될 때는 심장의 움직임이 느려져요. 그래서 '마음은 가슴 속에 있을 거야.'라든가 '마음이 곧 심장'이라고 생각하는 사람도 있어요.

　하지만 사실 감정이 만들어지는 곳은 뇌예요. 대뇌 안쪽에 있는 '대뇌변연계'라는 곳에서 희로애락과 같은 기본적인 감정이 생긴답니다. 그 바깥쪽에는 대뇌의 표면을 덮고 있는 '대뇌피질'이 있어요. 그 안에 있는 '전두엽'은 대뇌변연계에서 생겨난 감정을 조절하는 역할을 해요. 화가 나도 다른 사람에게 화풀이하지 않고 참거나, 무서운 경험을 해도 정신을 잃지 않고 차분함을 유지할 수 있는 건 모두 전두엽이 감정을 잘 다스려주기 때문이에요.

마음이 뭐야? **PART 1**

여기에서 감정이 생겨나요!

간뇌
뇌간의 일부인 중뇌와 대뇌 중간에 있는 기관이에요. 심장과 위와 같은 내장을 제어해요. 어떤 일이 일어나면 가장 먼저 전두엽이 반응하고, 그 신호가 가까이에 있는 간뇌에 전달돼요. 그러면 신경 등을 통해 몸에서 반응이 나타난답니다.

대뇌피질
대뇌의 표면을 덮고 있어요. 뇌 가운데에서도 가장 진화한 부분으로 알려져 있어요. 대뇌피질 안에 있는 전두엽 은 감정을 조절하는 역할을 해 복잡한 감정이 생겨나는 곳이기도 해요.

전두엽

뇌간
대뇌와 소뇌 사이에 있는 기관이에요. 몸의 작용을 조절하거나 감정과 관련된 100종류 이상이나 되는 호르몬을 만들어내기도 해요.

대뇌변연계
대뇌 안쪽에 있는 부분으로, 희로애락과 같은 기본적인 감정이 생겨나는 곳이에요.

놀랐을 때 심장이 두근두근하거나 부끄러울 때 얼굴이 빨개지는 것도 뇌의 작용과 몸이 연결돼 있기 때문이야!

감정과 관련된 호르몬은 뇌에서 만들어져요

대뇌와 소뇌 사이에 있는 '뇌간'은 인간이 살아가기 위해 꼭 필요한 몸의 작용을 조절하는 곳이에요. 여기서는 체온을 조절하거나 내장의 움직임을 관리하는 자율신경을 다루고, 몸의 여러 작용을 조절하는 100가지 이상의 호르몬도 만들어 낸답니다.

우리의 감정은 이곳에서 분비되는 호르몬에 따라 달라지는 경우가 많아요. 예를 들어, 안심할 수 있는 사람과 포옹을 하면 '옥시토신'이라는 호르몬이 많이 분비되어 행복한 기분이 들어요. 또 운동경기와 같은 상황에서 분비되는 '아드레날린'은 '해내고 말 거야!'라는 의지를 북돋아주지요. 아드레날린은 또한 근육에 에너지를 많이 보내서 평소보다 큰 힘을 내도록 도와줘요.

하지만 좋은 점만 있는 것은 아니에요. 경기 전에 아드레날린이 너무 많이 분비되면 긴장 때문에 몸이 굳어서 원하는 대로 움직이지 못할 수도 있거든요. 이렇게 호르몬은 너무 많아도, 너무 적어도 마음과 몸에 좋지 않아요. 그래서 호르몬은 필요한 만큼, 알맞게 분비되어야 해요. 그래야 우리 마음과 몸이 균형을 가장 잘 맞출 수 있답니다.

 마음의 병이 생기는 건 약해서가 아니에요

뇌에서 분비되는 호르몬이나 신경전달물질의 균형이 잘 맞지 않으면, 마음에 병이 생기기도 해요. 예를 들어 기분이 오래도록 가라앉는 '우울증', 현실을 바르게 느끼기 어려운 '조현병' 같은 것이 대표적이지요.

마음의 병이 생기는 이유는 단순하지 않아요. 뇌의 작용에 변화가 생기거나 스트레스가 심하게 쌓여서, 또는 마음에 상처를 입어서 생기기도 하지요. 하지만 아직까지 정확한 원인은 밝혀지지 않았어요.

마음이 뭐야? **PART 1**

다만 꼭 기억해야 할 점이 있어요. 마음의 병은 누구에게나 생길 수 있고, 그건 나약해서가 아니에요. 혹시 나에게 마음의 병이 생기더라도 절대로 자신을 탓하지 마세요. 또, <mark>주위의 친구가 마음의 병을 겪고 있다면 따뜻한 눈으로 지켜봐주도록 해요.</mark>

그리고 또 한 가지 중요한 건, 고민을 혼자서만 떠안지 않는 거예요. 가족이나 친구, 학교의 심리 상담 선생님, 의사 선생님처럼 믿을 수 있는 사람에게 용기 내어 털어놓아 보세요.

 괴롭거나 힘들 땐 혼자 고민하지 말고 전화하세요.
정신건강을 위한 상담 전화 1577-0199

마음의 병에는 이런 것들이 있어요

우울증
하루 종일 기분이 가라앉거나 뭘 해도 즐겁지 않은 상태예요. 또 식욕이 없고 잠이 잘 오지 않아 일상생활에 큰 지장이 생겨요.

조현병
환각이 보이거나 망상을 하는 등 의욕이 사라지고 감정이 잘 느껴지지 않는 상태예요.

섭식장애
식사에 관한 이상행동이 나타나서 과식을 하거나 먹지 못하는 상태가 돼요.

공황장애
갑자기 아무런 이유 없이 아주 강렬한 불안이나 공포, 고통을 느껴요. 현기증이나 식은땀이 나면서 공황발작이 일어나기도 해요.

PTSD
트라우마가 된 기억이 끊임없이 되살아나거나 악몽을 꿔 일상생활에 지장이 생겨요.

★ 이런 상태가 잠깐이 아니라 계속되거나 일상생활에 지장이 생기면 마음의 병이라고 볼 수 있어요.

건강한 마음을 만드는 몸 돌보기 ①

균형 잡힌 영양과
아침 식사

　스트레스나 마음의 병은 여러 가지 요인과 얽혀 있어요. 잠을 잘 못 잔다거나, 친구와의 관계, 학교나 집에서의 환경 같은 것들이 모두 영향을 줄 수 있지요.
　최근 연구에 따르면 식생활과 영양소도 마음에 영향을 준다고 해요. 예를 들어 행복한 기분을 만드는 호르몬 '세로토닌'은 단백질로 만들어져요. 생선에 많이 함유된 'EPA(에이코사펜타에노산 Eicosapentaenoic acid)'와 'DHA(도코사헥사엔산 Docosahexaenoic acid)'가 부족하면 우울감이 늘어날 수 있다는 연구 결과도 있답니다.
　특히 10대인 여러분에게 중요한 건 아침 식사예요. 아침을 먹으면 하루를 건강하게 보낼 에너지를 얻을 수 있을 뿐 아니라, 뇌도 잠에서 깨어 활동을 시작할 준비를 할 수 있거든요. 그런데 밥이나 빵 같은 탄수화물만 먹으면 뇌가 불안정해질 수 있어요. 낫토(한국의 청국장과 비슷한 일본의 발효식품-옮긴이)나 달걀, 요거트와 같은 단백질도 함께 먹으면 뇌에 좋은 에너지가 공급돼요.

PART 2

마음 돌보기
부정적인 감정이 들 때

부정적인 감정은 나쁜 게 아니에요

실패해서 풀이 죽거나, 친구와 다투어 화가 나거나, 긴장돼서 겁이 날 때가 있어요. 이런 부정적인 감정이 들면 '이 감정이 없어졌으면 좋겠다' 하고 생각할 수도 있지요. 그런데 사실 부정적인 감정이 꼭 나쁜 것만은 아니에요. 이 감정을 조금만 다르게 바라보면 나를 더 단단하게 만들고 성장하게 해줄 소중한 경험이 될 수 있어요. 그러니까 괴롭다고 무시하지 않도록 해요.

밀어내지 말고 마주해 봐요

부정적인 감정도 소중히 다뤄야 해요. 슬플 때 충분히 슬퍼하지 못하면 마음이 지쳐버려요. 슬픔이나 초조함을 없던 일처럼 밀어내지 말고, 주변 사람에게 상처를 주지 않는 방법으로 솔직하고 분명하게 표현하는 게 중요해요. 이번에는 다양한 부정적인 감정과 잘 마주하는 방법을 살펴볼 거예요. <오늘의 감정>을 보고 '맞아, 나도 그래!'라는 생각이 든다면, 이어서 소개하는 <마음 돌보기>를 실천해 보세요.

부정적인 감정을 되돌리는
마음 돌보기

부정적인 감정에도 다양한 종류가 있어요.
여러분이 자주 느낄 만한 감정들을 살펴볼까요?

아, 너무 짜증나!

- ♥ 짜증이 안 풀려서 화풀이를 해 버렸어.　　➡ **52**쪽
- ♥ 부모님 잔소리에 짜증이 나서 대들었어.　➡ **104**쪽

무서워서 싫어….

- ♥ 실패하는 게 두려워.
  친구들이 멀어질 것 같거든.　　　　　　➡ **60**쪽
- ♥ 진짜 내 모습을 보여주면
  사람들이 나를 싫어할까 봐 무서워….　　➡ **68**쪽

이럴 때 어떻게 마음을 돌보면 좋을지 알아보자!

도대체 난 왜 이럴까?

♥ 열심히 하는데 성적이 안 좋아. ➡ **76**쪽

♥ 의욕이 없고 하고 싶은 것도 없어. ➡ **80**쪽

마음이 무겁고 답답해….

♥ 잘못했는데 사과를 못했어. ➡ **64**쪽

♥ 뭐든 잘하는 친구를 보면 질투가 나. ➡ **100**쪽

오늘의 감정 1

짜증이 나서 친구에게 상처를 줬어요

짜증이 나면 왜 남에게 화풀이를 할까?

짜증이 나면 다른 사람 기분 따윈 안 보여!

왜 마음에도 없는 말을 해 버리는지 모르겠어.

짜증이 나면 마음속 화가 풍선처럼 부풀어요. 그래서 가까운 사람에게 평소라면 입 밖에 내지 않을 심한 말을 해 버리기도 해요. 상처를 주려던 건 아니어도 욱하는 마음에 화를 내는 거지요. 어른들도 종종 하는 실수예요. 하지만 그런 일로 친구나 가족과 사이가 멀어지면 정말 속상하겠지요.
<mark>화가 폭발하는 것을 막으려면 먼저 차분해져야 해요.</mark> 잠깐 한 걸음 물러서 마음을 가라앉히면, 다른 사람의 기분도 조금씩 생각할 수 있어요. 이제 짜증이 날 때 마음을 진정시키는 방법을 자세히 살펴봐요.

마음 돌보기

잠깐 멈춤!
마음을 가라앉혀요

딱 6초만 짜증을 참아 봐요

다른 사람에게 화풀이하지 않으려면 화가 난다고 바로 내뱉지 말고 차분해져야 한다고 했지요? 화가 가장 높이 치솟는 순간은 짜증이 올라오기 시작한 때부터 6초 동안이라고 해요. 그러니까 첫 6초만 잘 참아내면 조금씩 마음이 가라앉을 수 있어요.

그런데 짜증이 날 때 누군가 가까이 있다면 나도 모르게 화풀이를 하게 될 수 있어요. 그래서 미리 대비하는 게 좋아요. 예를 들어 '짜증이 날 때는 심호흡을 하자.'처럼 마음을 가라앉히는 행동을 정해 두는 거예요. 화가 나는 대로 내버려두지 말고, 정해 놓은 행동을 하나씩 해 보세요. 그러면 차츰 마음이 차분해질 거예요.

여러분에게 추천하고 싶은 것은 마음속에 온도계를 떠올려 보는 방법이에요.

마음 돌보기
부정적인 감정이 들 때   PART 2

'지금 내 기분을 온도로 표현하면 몇 도일까?' 하고요. 이렇게 하면 내 마음을 객관적으로 바라볼 수 있어요.

그 자리를 벗어나 원인을 생각해 봐요

짜증이 나는 건 잘못이 아니에요. 오히려 내 감정을 알아차리고 표현할 수 있다는 건 멋진 일이에요. 다만, 그 짜증이 다른 사람에게 그대로 향하면 서로 힘들어질 수 있지요.

짜증이 올라올 때는 잠시 숨 고를 시간이 필요해요. 곁에 누군가 있다면 "나 잠깐 화장실 좀 다녀올게!" 하고 자리를 피해 보는 것도 좋아요. 그리고 조용히 스스로에게 물어보는 거예요. '내가 왜 이렇게 짜증이 날까?'

이렇게 차분히 생각하다 보면 짜증이 점점 가라앉으면서 그 원인도 보이기 시작해요. 원인을 알게 되면 같은 일이 반복되지 않도록 생각을 바꿔 볼 수도 있고요.

예를 들어 학교에 지각해서 선생님께 혼났을 때, 그냥 짜증을 내고 끝내면 답답하기만 할 거예요. 그런데 곰곰이 생각해서 '아, 내가 어제 늦게 자서 늦잠을 잤구나.' 하고 깨닫는다면 '오늘부터는 조금 더 일찍 자야지.' 하고 다짐할 수 있겠지요. 그러면 혼난 경험도 단순히 기분 나쁜 기억으로 끝나지 않고, 나를 더 나아지게 해주는 계기가 된답니다.

오늘의 감정 2

자꾸 포기해서 자신감이 없어요

조금 안된다고 왜 금방 포기하게 되는 걸까?

조금만 실패해도 끝까지 하기 싫어져.

다른 애들이 너무 잘해서, 어차피 난 안 될 것 같아.

뭔가에 도전했는데 금방 잘되지 않을 때가 있어요. 잘 안되면 의욕도 줄어들고, 다시 해 보려는 마음도 사라져서 그냥 포기해 버리는 친구들이 많을 거예요. 하지만 자꾸 그렇게 포기하다 보면 조금씩 자신감을 잃게 되고, '어차피 난 못해.', '괜히 해 봤자 소용없어.' 하고 생각하는 습관이 생기지요.

그러다 보면 늘 포기만 하는 내가 싫어질 수도 있어요. 다른 친구들이 열심히 노력하는 모습을 보면서 나만 그렇지 못한 것 같아 속상해질 수도 있고요. 하지만 괜찮아요. 포기하는 습관은 언제든 고칠 수 있으니까요. 그럼 어떻게 하면 좋을지, 같이 생각해 볼까요?

마음 돌보기
부정적인 감정이 들 때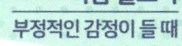

작은 성공부터 차곡차곡 쌓아요

작은 첫걸음이 가장 중요해요

혹시 '어차피 나는 오래 못할 텐데….'라고 생각하는 친구들이 있나요? 하지만 누구에게나 포기하지 않고 할 수 있는 일이 있어요. 작은 일이라도 좋으니 중단하지 않고 계속할 수 있는 걸 찾아보세요. 꾸준히 노력하다 보면 계속하는 습관이 생길 거예요.

처음엔 아주 작은 것도 괜찮아요. 요즘 공부를 전혀 하지 않았다면 '쉬운 문제집 한 쪽만 풀어 볼까?'처럼 할 수 있는 것부터 도전해 보세요. 작은 것부터 해내다 보면 '나도 할 수 있구나!' 하는 자신감이 생겨요.

처음부터 목표를 너무 크게 세우면 쉽게 지쳐 포기할 수 있어요. 물론 '매일 세 시간씩 공부하기'처럼 큰 목표를 세우는 것도 멋진 일이에요. 하지만 그렇게 큰 목표를 세웠다면 그걸 이루기 위해 어떻게 할지 구체적으로 계획을 세운 다음, 계단을 한 칸씩 올라가듯 차근차근 해 나가는 게 중요해요. 예를 들어, "일단 5분만 해 보자." 하고 시작해 보세요. 그러다 조금 익숙해지면 "이제 15분까지 해 볼까?" 하고 단계를 천천히 늘려 가는 거예요.

주변에 나보다 훨씬 잘하는 친구가 있어도 괜찮아요. 우리는 서로 다른 사람이니까요. 나를 다른 사람과 비교하면 오히려 목표를 잃어버리기 쉬워요. 중요한 건 지금의 나에게 맞는, 무리하지 않는 목표를 세우는 거예요.

노력한 결과는 눈에 보이게 기록해요

아무리 작은 노력이라도 처음에는 계속하는 게 힘들 수 있어요. 가끔은 하기 싫을 때도 있고, 한 번 쉬면 다시 하기 어려워지기도 해요. 그럴 땐 스스로를 탓하기보다 도전한 자신을 칭찬해주세요. 포기해도 괜찮아요. 다시 시작하면 되니까요.

쉽게 포기할까 봐 걱정된다면 내가 노력한 걸 눈으로 볼 수 있게 기록해 두세요. 예를 들어 "열심히 한 날은 달력에 표시해 둬야지.", "오늘 한 일을 노트에 적어 둬야지."와 같이 나만의 규칙을 정하면 꾸준히 노력하는 데 도움이 돼요.

오늘의 감정 3

실패만 해서 친구들이 떠날까 걱정돼요

자신감이 없는 이유가 뭘까?

아무리 생각해도 내 장점이 떠오르지 않아.

다른 사람들보다 실패를 많이 해서 한심해 보일까 봐 무서워….

자신의 장점이 뭔지 몰라 고민이 될 때, 자신감이 없어 불안할 때는 마음이 힘들어요. 완벽한 사람은 없다는 걸 알면서도 실패를 하면 주위의 눈치를 보게 되고요. 수업 시간에 선생님의 질문에 틀린 답을 하거나 준비물을 깜빡해 혼이 나는 일처럼 <u>사소한 실수도 크게 느껴질 때가 있어요.</u> 실수할까 봐 더 많이 긴장하고, 그러다 보니 또 실수를 저질러 더욱더 자신감을 잃는 경우도 있을 거예요.

자신감을 갖기 위해서는 남과 비교하기보다는 나만의 장점을 찾아보는 게 좋아요. 어떤 방법이 있을지, 지금부터 같이 생각해 볼까요?

마음 돌보기
부정적인 감정이 들 때 **PART 2**

마음 돌보기 3
실패를 두려워하지 말고 나만의 장점을 찾아요

잘 못해도 창피해하지 말아요

수업 시간에 선생님의 질문에 답을 제대로 못하거나 준비물을 깜빡해 꾸중을 듣는 것처럼 작은 실수에도 신경이 쓰이나요? 혹시 나와 친구들을 비교해서 그런 건 아닐까요? '다른 친구라면 답을 맞혔을 텐데…', '다른 친구들은 준비물을 다 챙겨 왔는데….' 하고요. 하지만 남과 비교하기보다 나에게 집중하면, '틀린 걸 알게 돼서 다행이야.', '다음엔 여러 번 확인해야지.'라고 긍정적으로 바꿔 생각할 수 있어요.

실패를 하면 주위의 시선이 신경 쓰일 거예요. 사람들은 '다른 사람들이 항상 나를 지켜보고 있다'라고 생각하는 경향이 있어요. 사춘기에는 이런 생각이 더욱 심해져요. 사실 사람들은 자기 일만으로도 여유가 없어서 남에게 그렇게까지 신

마음 돌보기
부정적인 감정이 들 때

PART 2

경 쓰지 못하는데 말이에요. 불안한 마음을 조금이라도 줄이려면 '다른 사람들은 나한테 그렇게까지 관심이 없어.'라고 편하게 생각해 보세요.

내가 잘하는 것을 떠올려 봐요

실패할 때마다 너무 신경 쓰지 않으려면 자신의 장점을 알아두는 게 좋아요. 그러면 긍정적인 마음을 갖기 쉬워요. 예를 들어 '국어 수업에서는 틀린 답을 말했지만 수학 과목은 자신 있으니까 정답을 맞혀야지.'라는 식으로요.

모든 사람에게는 저마다 다른 개성이 있어요. 반 친구들을 한번 떠올려 보세요. 각자 잘하는 과목도, 좋아하는 것도 다를 거예요. ==친구가 잘하는 걸 억지로 따라 하며 경쟁할 필요는 없어요. 무언가 실패해서 불안한 마음이 들 때는 나만의 장점과 잘하는 것을 떠올려 보세요.==

혹시 내 장점이 잘 떠오르지 않는다면 친구들의 도움을 받아 보세요. "내 장점이 뭘까?" 하고 물어볼 수도 있고, 내가 먼저 친구의 장점을 말해주는 것도 좋은 방법이에요. 그러면 친구도 나의 장점을 말해줄 거예요. 그렇게 알게 된 내 좋은 점을 노트에 적었다가 필요할 때 다시 꺼내 보면 큰 도움이 될 거예요. 이렇게 연습을 하다 보면 말하지 않아도 친구의 좋은 점을 알아보는 멋진 사람이 될 수 있어요. 또 '내가 친구를 기쁘게 해줄 수 있어.'와 같은 따뜻한 마음은 내 자신감을 키워줄 거고요.

오늘의 감정 4

잘못했는데 사과하기 어려워요

왜 사과를 잘 못하는 것 같아?

내가 잘못한 걸 바로 인정하는 게 어려워.

다른 핑계를 대고 나면 사과하기가 어려워져.

잘못하고 나서 바로 사과하는 건 어려운 일이에요. 내가 잘못했다는 걸 알면서도 사과하지 못하고 '그때 미안하다고 할걸.', '핑계 대지 말걸.' 하고 뒤늦게 전전긍긍하곤 하지요. 오히려 상대 탓만 하다가 다툼이 커지는 일도 있을 거예요. 하지만 이렇게 자기 잘못을 알면서도 솔직하게 말하지 못하는 건 옳지 않아요.

사과하는 것도 연습이 필요해요. 그 자리에서 솔직하게 인정하고 사과하는 경험을 쌓다 보면 점점 자연스럽게 할 수 있게 되거든요. 그럼 어떻게 하면 제때 솔직하게 사과할 수 있을지 함께 알아봐요.

마음 돌보기
부정적인 감정이 들 때   PART 2

65

마음 돌보기 4
나를 한 발 떨어져서 보고 사과하는 연습을 해요

고집은 그만! 사과할 줄 아는 사람이 멋져요

잘못했다는 걸 알면서 솔직하게 인정하지 못하고 남 탓을 하거나 변명을 하게 되는 순간이 있지요? 사과를 하는 건 그만큼 어려운 일이에요. 하지만 솔직하지 못한 자신 때문에 마음이 불편하고, '사과하고 싶은데.'라는 생각이 들 때가 있을 거예요. 그렇다면 언제든지 사과할 수 있어요.

잠깐 생각해 보세요. 잘못하고도 사과하지 않고 남을 탓하는 사람과 자기 잘못을 인정하고 바로 사과하는 사람 중에서 누가 더 멋져 보이나요? 당연히 솔직하게 잘못을 인정하고 사과하는 사람이 더 멋있겠지요.

사과하지 않는다면 주변 사람들이 나를 어떻게 볼지 상상해 보는 것도 좋은 방법이에요. 사과하기 어려울 때는 내 모습을 한 발 떨어져서 바라보세요. 그러면

'역시 사과해야겠어!'라고 느끼고 자연스럽게 행동할 수 있게 될 거예요.

"미안해." 한 마디면 끝나는 싸움도 있어요

그 자리에서 바로 사과하지 못해서 사이가 나빠지는 경우도 있어요. 특히 친했거나 자주 보던 사람과 사이가 멀어지면 더 스트레스가 될 거예요. 그러니 '싸우고 싶지 않으니까 사과하자.'라는 생각으로 갈등을 미리 막기 위해 사과하는 것도 좋은 방법이에요.

어떤 친구들은 '그런 이유로 사과하는 게 맞나?'라고 생각할지도 몰라요. 하지만 중요한 건 잘못했을 때 바로 사과하는 습관을 들이는 거예요. 그러면 실수를 해도 솔직하게 말할 수 있는 마음의 여유가 생겨요. '이 친구와 싸운 채로 지내는 건 너무 힘들어.'라고 생각한다면, 사과하는 게 한결 쉬워질 거예요.

직접 만나서 사과하기 어려울 때는 편지나 전화, 메시지 등을 이용해도 좋아요. 꼭 얼굴을 보고 말해야 한다고 생각하면 오히려 제때 사과하기 힘들 수 있으니까요. 무엇이든 습관이 되려면 여러 번 반복하는 게 중요해요. 충분히 시간을 두고 나에게 편안한 방법으로 사과하는 연습을 해 보세요.

오늘의 감정 5

그때그때 다른 나!
진짜 나는 누구지?

'진짜 나'란 뭘까?

가족들과 있을 때의 내가 진짜 나 같은데….

내 성격과 다르게 행동할 때의 나는 가짜일까?

때때로 다른 성격이 나타나는 건 자연스러운 일이에요. 오히려 상대와 상황에 맞게 자신을 표현할 수 있다면, 주위를 잘 살피고 배려할 줄 아는 사람이랍니다.

사람은 누구나 여러 모습을 가지고 있어요. 집에서는 게으르지만 친구들 앞에서는 믿음직스럽고, 선생님 앞에서는 얌전할 수 있지요. 그러니까 '진짜 내 성격을 보여주지 않으면 차갑게 보이지 않을까?'라고 걱정하지 않아도 돼요.

그리고 억지로 다른 성격인 것처럼 행동하면 결국 지치게 된다는 것도 기억하세요. 나의 여러 모습 때문에 힘들다고 느끼지 않으려면 어떻게 하면 좋을지 함께 생각해 봐요.

마음 돌보기
부정적인 감정이 들 때

PART 2

학교에서

집에서

친구들과 어울릴 때

마음 돌보기 5

모두 진짜 나예요. 무리하지 마세요

누구나 다양한 성격으로 살아가요

상황에 따라 다른 성격이 나오는 건 이상한 일이 아니에요. 예를 들어 코미디언은 방송에서는 장난을 치며 사람들을 웃게 하지만, 평소에는 조용한 성격인 경우도 많지요. 주위를 보고 말과 태도를 다르게 하는 건 상대의 기분을 상상하는 힘이 있기 때문이에요. '이런 말은 싫어하겠지.', '이렇게 말하면 다들 즐거워하겠지.' 하고 생각할 수 있는 사람은 배려심이 있는 사람이랍니다.

내 안의 여러 가지 모습은 모두 나의 일부분이에요. '진짜 나'라고 생각하는 성

마음 돌보기
부정적인 감정이 들 때   **PART 2**

격도 어쩌면 무의식적으로 만들어진 성격일지 모르고요. 또 평소와 다른 모습을 보인다고 해서 진짜 내 모습이 사라지는 것도 아니랍니다. 어떤 성격이든, 나 자신이라는 점을 잊지 마세요.

무리해서 내 모습을 꾸며내지 말아요

착하고 밝은 모습을 보여주면 주변 사람들과 사이가 더 좋아지기도 해요. 하지만 스스로 힘들다고 느낄 정도로 자신의 모습을 꾸며낼 필요는 없어요. 착한 아이가 되고 싶다거나 주변 사람들을 즐겁게 해주고 싶다는 생각이 나쁘다는 건 아니에요. 하지만 그런 생각으로 무리하다 보면 언젠가는 지치게 돼요.

물론 갑자기 그동안 보여온 성격을 바꾸는 건 쉽지 않아요. 지금까지 남에게 보여준 적 없는 내 모습을 드러내는 게 무서운 친구들도 있을 거고요. 그렇다면 스스로 힘들다고 느낀 부분부터 조금씩 줄여 보는 건 어떨까요? 그것만으로도 마음이 한결 편해질 거예요. 내 마음을 찬찬히 들여다보세요.

또, 아는 사람이 없는 새로운 학원이나 모임에 들어가 보는 것도 좋아요. 그곳에서는 굳이 내 모습을 꾸며내지 않아도 되니까요. 힘들 때는 도서관이나 공원에서 마음을 쉬게 하거나 용기를 내 가까운 친구에게 고민을 털어놓는 것도 마음을 정리하는 데 도움이 된답니다.

오늘의 감정 6
남과 나를 비교하느라 하고 싶은 걸 못해요

왜 남과 비교하다가 하고 싶은 걸 못하는 것 같아?

잘하는 친구 앞에서 내가 못하는 모습을 보여주는 게 창피하잖아.

누군가 보고 있다고 생각하면 긴장돼서 불안하니까!

주위 시선이 신경 쓰여 하고 싶은 걸 마음껏 못 하면 정말 답답하지요. 무엇이든 하다 보면 실패할 수 있어요. 그런데 내가 실패하는 모습을 다른 사람이 본다고 생각하면, 도전할 용기가 사라지는 사람도 많아요. '잘못하면 비웃음을 당할지도 몰라.' 하고 겁이 날 때도 있지요.

다른 사람의 시선에만 신경을 쓰면 그럴 수 있어요. 그런데 잘 생각해 보세요. 우리가 평소에 한 사람만 뚫어져라 쳐다보지는 않지요? 마찬가지로 다른 사람도 여러분만 바라보고 있지 않는답니다. 생각이 금방 바뀌지는 않겠지만, 어떻게 마음가짐을 변하게 할 수 있을지 차근차근 알아봐요.

마음 돌보기
부정적인 감정이 들 때 **PART 2**

다른 사람의 입장에서 내 마음을 관찰해 봐요

타인의 시선이 아니라 나의 시선으로 봐요

사람들은 의외로 남을 잘 보지 않는다고 했지요? 이걸 바로 체감하기는 어려울 텐데요. 이제부터는 의식적으로 주변 사람들을 관찰해 보세요. 그럼 다른 사람들이 여러분만 쳐다보고 있다는 생각이 바뀔 거예요.

내가 직접 경험해 보면 바로 알게 돼요. 누군가를 계속 지켜보는 건 생각보다 힘든 일이에요. 그래서 나도 항상 주목받고 있는 건 아니라는 걸 깨닫게 되지요. 주위를 관찰하다 보면 다른 사람의 마음도 더 잘 이해하게 돼요. 친구가 실수했을 때도 '힘내!', '괜찮아, 너무 신경 쓰지 마.' 하고 응원하는 마음이 저절로 생길 거예요.

마음 돌보기
부정적인 감정이 들 때

PART 2

나의 기분을 스스로 관찰해 봐요

'내 생각만큼 다른 사람들이 나만 쳐다보는 건 아니구나.'라는 걸 깨달으면 마음에 여유가 생길 거예요. 이제 <mark>한 걸음 떨어져서 객관적으로 자신의 생각과 행동을 관찰해 보세요.</mark> 다른 사람들이 지켜본다는 생각에 긴장되거나 불안해질 때마다 어떤 기분이 드는지, 어떤 행동을 하게 되는지 적어 보세요.

예를 들어 수업 시간에 손을 들고 발표를 하고 싶지만 긴장돼서 못 했다면, 그때 무슨 생각을 하고 어떤 행동을 했는지 적어 보는 거예요. 그동안 나도 손 든 친구를 보며 '틀리면 창피할 거야.'라고 생각했다는 걸 깨닫게 될지도 몰라요. 바로 그 순간부터 내 생각과 행동을 바꿀 수 있어요.

'발표하는 것 자체가 대단하지.', '친구가 답을 제대로 말하지 못해도 이상해 보이지 않아.'라고 생각을 바꿔 보세요. 어때요, 마음이 한결 편하지요? 이제 내 행동도 조금씩 바꿔 보세요. 예를 들어 친구들 시선이 신경 쓰여서 손을 못 들겠다면 '안 보고도 그릴 수 있을 만큼 선생님 얼굴만 바라보자.' 하고 마음먹는 거예요. 내가 정한 행동에 집중하면 훨씬 덜 불안해지거든요. 그리고 누군가 기분 나쁜 말을 하더라도 '그런 말은 신경 쓸 필요 없어.' 하고 넘기면 마음이 한결 편안해질 거예요.

오늘의 감정

7 공부를 못해서 속상해요

왜 공부를 못하는 것 같아?

내가 뭘 모르는지도 모르겠어.

고민이 있어서 공부에 집중할 수가 없어.

    수업은 매일 있는데 공부를 못하면 힘든 게 당연해요. 수업 시간마다 선생님께서 내 이름을 부르지 않을까 조마조마한 친구들도 있지요? 아무리 노력해도 문제를 풀거나 교과서의 내용을 이해하기가 어렵고, 공부를 열심히 해도 생각만큼 성적이 오르지 않는 경우도 있을 거예요. 하지만 공부 때문에 고민하는 건 나뿐만이 아니니까 걱정하지 마세요.

    ==공부가 어렵게 느껴진다면 그 원인을 찾아서 해결하면 돼요.== 예전에 배운 내용을 잊었을 수도 있고, 다른 고민이 많아 집중이 안 될 수도 있어요. 내 상황에 맞는 이유를 하나씩 생각해 보고, 해결법을 알아봐요.

마음 돌보기
부정적인 감정이 들 때　**PART 2**

마음 돌보기 7

공부를 못하는 원인을 찾아 해결해요

공부를 못하는 원인은 사람마다 달라요

공부를 열심히 하기로 결심했지만 진도가 나가지 않아 포기하고 싶을 때도 있을 거예요. 그럴 때는 공부를 방해하는 원인에 대해 생각해 보세요.

지금까지 배운 내용을 충분히 이해하지 못하는 것이 문제일 수도 있어요. 학년이 올라갈수록 수업은 점점 더 어려워져요. 그런데 앞의 내용을 이해하지 못한 채로 더 어려운 내용을 배우게 되면 '뭐가 뭔지 하나도 모르겠어.'라고 느낄 수 있어요. 이럴 땐 학년과 상관없이 예전 내용으로 돌아가, 이해할 수 있는 부분부터 다시 공부하면 돼요.

📝 적어 봐요

공부에 집중하지 못하는 이유

- 올해부터 갑자기 수학이 어려워졌다.
- 시험 점수가 떨어지면 부모님께 혼날까 봐 무섭다.
- 친구들과 사이가 좋지 않아 고민이다.

마음 돌보기
부정적인 감정이 들 때   **PART 2**

지금까지 잘해 오다가 최근 들어 성적이 떨어진 경우엔 고민이 생겨서 공부에 집중하지 못했을 가능성이 커요. 여러 가지 고민 때문에 공부에 집중을 못한다면 먼저 그 이유부터 해결해야겠지요. 혹은 공부 방법이 잘 맞지 않았을 수도 있으니, 친구들이 어떻게 공부하는지 살펴보거나 직접 물어보면서 나에게 맞는 방법을 찾아보세요.

공부가 어려운 이유는 사람마다 달라요. <mark>초조해하지 말고 나에게 해당하는 원인을 곰곰이 생각해 보세요.</mark> 메모로 요즘 느끼는 고민을 정리해 두면, 공부와 관련이 없어도 나중에 해결책을 찾는 데 도움이 되기도 해요.

믿을 수 있는 선생님께 상담을 받아 봐요

아무리 생각해도 뚜렷한 원인을 찾지 못할 수도 있어요. 그럴 때는 '난 머리가 나쁜가 봐.'라며 포기하지 말고, 나를 잘 아는 선생님께 상담을 받아 보세요.

선생님께 "뭐가 문제인지 모르겠어요.", "요즘 고민이 생겼어요."처럼 솔직하게 말씀 드리면 내 이야기에 귀 기울여 주실 거예요. <mark>바로 문제를 해결하지 못하더라도 속마음을 털어놓은 것만으로 마음이 홀가분해질 거고요.</mark> 나를 걱정해주는 사람이 가까이 있다는 사실만으로도 힘이 돼요. 그러니 믿을 수 있는 사람에게 답답한 마음을 꼭 이야기해 보세요.

79

오늘의 감정 8

무기력해서
하루하루가 따분해요

의욕이 없는 이유가 뭐라고 생각해?

이유는 모르겠고 그냥 다 귀찮아.

매일 더 즐겁게 지내려면 어떻게 해야 할까?

열심히 하고 싶은 마음은 굴뚝 같은데 무기력해지는 시기가 있어요. 취미 생활이든 공부든, 좋아하는 일에 진심인 사람은 빛이 나지요. 하지만 열심히 하고 싶어도 "의욕이 나지 않아." 또는 "새로운 일을 시작하는 게 귀찮아."라고 말하는 친구들도 있어요.

<mark>의욕이 사라지는 건 큰일인 것 같지만, 사실 누구에게나 그런 때가 있어요.</mark> 어떤 날은 의욕이 넘치고, 또 어떤 날은 전혀 힘이 안 나기도 하지요. 이제부터 무기력할 때 어떻게 하면 좋은지, 의욕을 북돋는 방법과 행동으로 옮길 수 있는 방법을 알려 줄게요.

PART 2

마음 돌보기
부정적인 감정이 들 때

81

마음 돌보기 8

의욕이 없을 땐 일단 시작해요

일단 시작하면 의욕이 따라와요

하고 싶은 건 있지만 시작할 의욕이 없어, 그냥 기다리는 사람들도 있어요. 하지만 아무것도 하지 않으면 의욕은 쉽게 생기지 않아요. 오히려 기회를 놓쳐 더 무기력해질 수도 있지요.

의욕이 없을 땐 지금 당장 할 수 있는 것부터 시작해 보세요. 그러면 자연스럽게 힘이 나기도 하니까요. 단, 갑자기 목표를 너무 높게 잡지는 마세요. '하루 3시간 달리기', '3일 안에 문제집 한 권 다 풀기'처럼 너무 높은 목표를 세우면 이루기가 어려워요. 대신 '일단 운동복을 입고 집 밖으로 나가 보자.', '하루에 한 문제만 풀어 보자.'처럼 ==무리하지 않는 선에서 목표를 세우고 행동으로 옮겨 보세요.== 이루기 쉬운 작은 목표부터 시작하고 나면 자연스럽게 속도가 붙으면서 의욕도 생길 거예요.

원인을 파헤쳐서 해결해 봐요

'시작하는 게 쉬우면 고민도 안 했지.'라고 생각하는 사람도 있을 거예요. 도저히 아무것도 손에 안 잡힌다면, 아마 원인이 있을 거예요. 그걸 해결하면 의욕도 조금씩 돌아올 수 있답니다. 얼마 전까지만 해도 의욕이 넘쳤는데 최근 들어 무기력해지고 뭐든 다 귀찮게 느껴진다면, 언제부터 그랬는지 떠올려 보세요. 기억을 거슬러 올라가면서 짐작 가는 이유를 쭉 적다 보면, 해결해야 하는 문제가 눈에 들어올 거예요.

예를 들어, 학원 친구와 다투고 나서 학원 가는 게 싫어졌다면 먼저 친구와 화해를 해야겠지요. 어려운 문제집을 혼자 풀다가 지쳤다면 선생님이나 친구에게 도움을 요청하는 게 좋아요. 이렇게 기억을 되돌아보다가 짚이는 원인이 있다면 그걸 먼저 해결해 보세요.

📝 적어 봐요

학원에 가고 싶지 않은 이유

• 학원 친구와 다퉜다.

• 아무리 노력해도 성적이 오르지 않는다.

• 사소한 일로 선생님께 꾸중을 들었다.

오늘의 감정 9

혼자는 외로운데, 친구를 사귀기 어려워요

어떤 친구한테 말을 걸어 보고 싶니?

나와 같은 걸 좋아하는 친구와 대화해 보고 싶어!

처음에 뭐라고 말을 걸어야 할지 모르겠어….

친구가 많은 사람을 보면 부럽기도 해요. 왠지 인기도 많아 보이니까요. 하지만 정말 중요한 건 친구의 수가 아니라 서로의 마음이에요. 억지로 친구를 늘릴 필요는 없어요. 단 한 명이라도 서로 아끼고 의지한다면 그게 진짜 소중한 친구랍니다.

혹시 같은 반에 친한 친구가 없거나 같이 놀 친구가 없어서 고민인가요? 그렇다면 먼저 편하게 이야기할 수 있는 사이가 되는 것부터 시작해 보세요. 어떻게 하면 그렇게 될 수 있을지 함께 살펴볼까요?

마음 돌보기
부정적인 감정이 들 때

PART 2

마음 돌보기

다가가기 쉬운 친구가 되어 봐요

공통점을 찾으면 친해지기 쉬워요

친구가 되려면 친해질 계기를 만들어야 해요. 혹시 내가 말을 걸기 어렵다면, 친구가 나에게 먼저 다가오게 할 방법을 생각해 보세요. 나는 어떤 친구에게 말을 걸고 싶나요? 나와 공통점이 있는 친구에게 말을 걸기 쉽지 않나요? "나도 그 만화랑 캐릭터 좋아해!", "나도 그 아이돌 팬이야!"처럼 같이 신나게 이야기할 수 있는 주제가 있으면 대화를 이어가기 편해져요.

어떻게 먼저 말을 걸지 않으면서 공통점을 알아채게 만드냐고요? 내가 뭘 좋아하는지 소리내 말하지 않고도 넌지시 알릴 수 있는 방법이 있답니다. 예를 들면 내가 좋아하는 캐릭터나 아이돌이 그려진 필통이나 노트를 들고 다니는 것도 한 방법이에요.

사람들은 나와 공통점이 있는 사람을 마음에 들어 하는 경우가 많아요. 그래서 나와 같은 걸 좋아하는 사람과는 친구가 되기 쉽답니다. 서로 공통점을 확인했다면 용기 내서 말을 걸어 보세요. 분명 대화가 잘 통할 거예요.

방법을 알면 대화가 쉬워져요

친구가 말을 걸어와도 어떻게 대화를 이어 가야 할지 모를 때가 있지요? 그럴 때 대화를 잘 이어 갈 수 있는 요령이 하나 있어요. 사람은 보통 자기와 비슷한 사람에게 호감을 느끼곤 해요. 내가 친구에게 "그 드라마 재미있지?"라고 했을 때 친구가 "어, 진짜 재미있더라!"라고 공감해주면 기분이 좋아지는 것처럼요. 친구가 한 말을 다시 반복하거나 친구의 말버릇을 살짝 따라 해 보는 것도 좋아요. 또 친구가 친숙하게 느낄 만한 주제로 이야기하면 대화가 훨씬 편해져요.

잘 모르는 주제는 "나도 그 거 궁금했는데 더 얘기해 줄래?"라고 솔직하게 말하면 친구도 '내가 좋아하는 것에 관심을 가져주니까 좋아.'라고 생각해 신나게 이야기해줄 거예요.

오늘의 감정

10 싸운 후 화해하는 법을 모르겠어요

친구랑 화해하고 싶은데 왜 사과를 못하는 걸까?

앞으로도 친구랑 사이좋게 지내고 싶은데….

내가 먼저 사과하려니까 왠지 억울해!

    친구와 싸우면 정말 힘들지요? 바로 화해하지 못하고 끙끙댈 때도 있을 거예요. 하지만 다투었는데도 화해해서 잘 지내고 싶은 친구가 있다는 건 멋진 일이에요. 화해하고 싶지만 내가 먼저 사과하지 못하는 데는 이유가 있을 텐데요. 아마도 친구와 나의 자존심을 저울질하고 있기 때문일 거예요.

    ==사과하고 싶지 않은 마음이 더 크다면 억지로 사과할 필요는 없어요. 친구도 중요하지만 나에게 소중한 걸 지키는 것도 중요하거든요.== 이번에는 나에게 소중한 게 무엇인지 판단하는 방법과 사과하기로 결심했다면 꼭 생각해 보아야 할 점에 대해 살펴보기로 해요.

PART 2 마음 돌보기
부정적인 감정이 들 때

친구와 내 마음, 더 중요한 쪽을 선택해요

마음 돌보기 10

나에게 무엇이 더 중요한지 생각해 봐요

'사과하고 싶어.' 하는 마음과 '사과하고 싶지 않아.' 하는 마음이 한꺼번에 생기면 어떻게 해야 할지 결정하기 어려워요. 어느 한쪽이 훨씬 크면 쉽게 정할 수 있지만, 두 마음이 비슷하다면 오래 고민하게 되지요.

만약 내가 먼저 사과하고 싶다면, 앞으로도 그 친구와 잘 지내고 싶은 마음이 있기 때문일 거예요. 반대로 사과하고 싶지 않다면 내가 먼저 사과하는 건 억울하다고 느껴져서일 거예요. 이런 마음은 '자존심' 때문에 생겨요.

마음 돌보기
부정적인 감정이 들 때   PART 2

친구보다 나의 자존심을 더 중요하게 여긴다고 해서 이상한 건 아니에요. ==자기가 옳다고 생각하는 일에 자존심을 세우는 건 내 생각과 가치관이 분명하다는 뜻이기도 하니까요.== 충분히 고민한 끝에 자존심을 지키기로 결정해도 괜찮아요. 자존심을 소중히 여긴다는 건 나 스스로를 존중한다는 의미이기도 해요. 자존심과 우정 모두 소중하다는 걸 이해하면서, 나에게는 둘 중 어느 쪽이 더 중요한지 고민해 보세요. 그리고 ==내가 더 소중하다고 느끼는 쪽을 선택한다면, 나중에 '그때 왜 그랬을까…' 하고 후회하지 않을 거예요.==

사과하기로 했다면 제대로 해요

사과하기로 마음먹었다면 친구의 기분을 먼저 생각해 보세요. 친구에게도 여러 상황과 감정의 변화가 있을 수 있어요. 만일 친구가 피곤하고 졸릴 때나 시간이 없을 때 내가 지난 다툼에 대해서 이야기하려고 하면, 친구는 "다음에 이야기하자." 하고 나와의 대화를 피할지도 몰라요. 그러니까 친구의 상황과 감정을 살피면서 "지금 잠깐 이야기할 수 있을까?"라고 조심스럽게 묻는 게 좋겠죠?

자칫하면 사과를 하려다가 오히려 친구를 화나게 할 수도 있어요. 그러지 않도록 ==“나는 이렇게 생각했는데 너는 어땠어?”라고 나의 마음을 먼저 전해 보세요.== 서로 솔직하게 감정을 나누면 화해가 훨씬 쉬워져요.

오늘의 감정 11

학교 가기 싫어요. 꼭 가야 될까요?

왜 학교에 가기 싫은 것 같아?

딱히 이유는 없는데 그냥 가고 싶지 않아.

같은 반 친구들이 좀 무서워.
교실에 들어가려고 하면 가슴이 쿵쿵 뛰어.

눈을 뜨면 '학교 가기 싫다'라는 생각이 드나요? 그런 생각을 하는 것만으로도 큰 스트레스일 거예요. 학교에 가기 싫어하는 학생은 의외로 많으니 너무 자책하지 마세요. 다만 그 이유에 따라 대처 방법은 달라질 수 있어요. 경우에 따라서는 억지로 학교에 가지 않아도 괜찮습니다.

하지만 아무에게도 말하지 못한 채 매일매일 괴롭게 학교를 다니거나 생각 없이 며칠씩 결석하는 건 결국 미래의 나에게 도움이 되지 않는 일이에요. 어떻게 하면 좋을지 함께 고민해 볼까요?

마음 돌보기
부정적인 감정이 들 때   PART 2

93

이유가 명확하다면 가지 않아도 괜찮아요

학교가 싫은 이유를 찾아요

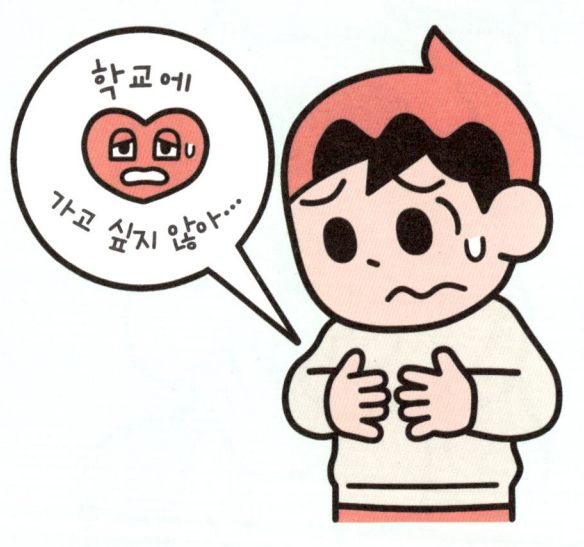

학교에 가기 싫어하는 친구들이 많아요. 그 이유는 모두 제각각이지요. 원인이 무엇이냐에 따라 대처 방법도 달라질 수 있으니, 내가 왜 학교에 가기 싫은지부터 알아봐요. 먼저 나의 고민과 불안을 생각나는 대로 써 내려가 보세요. 적어 내려가다 보면 마음이 조금 정리되기도 해요.

잘 안 써지거나 썼지만 뭔가 부족하다고 느낄 때는 부모님이나 상담 선생님께 상의해 보는 것도 좋아요. 믿을 수 있는 사람과 대화하다 보면, 내 마음을 돌아보고 한 발 떨어져 객관적으로 바라볼 수 있게 되지요. 그러면 지금까지는 잘 보이지 않았던 스스로의 진짜 마음이 드러나기 시작할 거예요.

아무리 생각해도 특별한 원인이 없는 경우도 있어요. 그럴 때는 주변의 시선이

마음 돌보기
부정적인 감정이 들 때   PART 2

나 분위기에 예민해진 경우가 많다고 해요. <mark>뚜렷한 걱정거리가 없는데도 등교가 힘들게 느껴진다면, 오히려 잠깐 결석을 한 후에 다시 학교에 가고 싶어지는 경우도 있답니다.</mark>

 '하루만 쉬면 괜찮아질 것 같아.'라는 생각이 든다면 가끔은 양해를 구하고 학교에 가지 않는 것도 괜찮아요. 다만 먼저 친구나 선생님, 부모님께 내 마음을 솔직하게 털어놓아 보세요. 그것만으로도 마음이 한결 안정될 거예요.

다른 길을 찾아가도 돼요

 과거에 따돌림이나 괴롭힘을 당한 경험이 있다면 학교에 가는 것이 두려울 수 있어요. 이럴 때는 억지로 학교에 다니지 않더라도 <mark>온라인 수업을 듣거나 대안학교에 다니는 방법</mark>도 있습니다. 무엇보다 믿을 수 있는 사람에게 솔직하게 마음을 털어놓는 게 중요하고요. 학교라는 공간에서 벗어나기만 해도 마음이 한결 가벼워지고, 건강을 되찾는 경우도 있답니다. 마음이 편안해지는 곳에서 내가 좋아하는 일을 하며 시간을 보내는 것도 좋은 방법이에요.

 물론 학교를 떠나기 전에 먼저 선생님, 부모님과 상의해서 문제를 해결할 수 있다면 좋겠지요. 하지만 아무리 생각해도 해결될 것 같지 않다면, 혼자 끙끙대기보다는 '학교 밖에서 나를 편안하게 해줄 공간을 찾아야지.' 하고 적극적으로 다른 길을 고민해 보세요.

오늘의 감정 12

지적받기 싫어요. 속이 좁은 걸까요?

왜 내가 못하는 게 맞는데도 지적받기 싫은 걸까?

내가 무시당한 느낌이 들어서 슬퍼….

이미 알고 있는데 지적받으면 화가 나!

  누구나 자기가 잘못한 점을 지적받으면 마음이 상할 수 있어요. 기분 좋은 일은 아니니까요. 그런 기분을 느낀다고 해서 내 마음이 좁은 것은 아니에요.

  학교처럼 또래들이 많이 모인 곳에서는 서로 미숙한 부분을 지적하는 상황이 종종 생겨요. 친구가 악의 없이 한 말이라도 나는 놀림을 당한 것 같아 화가 날 수 있지요. 이런 일을 완전히 피하기는 어렵지만, ==상대방의 말을 어떻게 받아들일지는 나에게 달려 있어요.== 친구의 지적 중에는 차분히 받아들이고 고쳐 본다면 오히려 도움이 되는 것도 있어요. 지금부터는 내가 누군가에게 지적을 받았을 때 참고하면 좋을 방법에 대해 이야기해 볼게요.

PART 2

마음 돌보기
부정적인 감정이 들 때

97

마음 돌보기 **12**

속상한 게 당연해요.
마음가짐을 바꿔 봐요

지적받는 게 오히려 좋은 일이라고요?

누군가 나의 부족한 점을 지적하면 기분이 좋지만은 않은 게 당연해요. 부족하다는 말을 듣고 기분이 좋은 사람은 없을 테니까요. 하지만 ==부정적인 감정을 느끼는 게 나쁜 일만은 아니에요. 오히려 그 감정을 잘 이해하면 성장하는 데 도움이 돼요.== 상대의 말에 너무 휘둘리지 말고 내 마음에 집중하면서 차분하게 생각해 보세요. 지적을 받으면 순간 화가 치밀 수 있지만, 그 자리에서 바로 대꾸하다가 싸움이 될 수 있으니 적당히 듣고 넘기는 것도 한 방법이에요.

마음이 가라앉은 뒤에 다시 생각해 보세요. =='듣고 보니 그 부분은 고치는 게 좋겠어.'==라는 생각이 들었다면, 내가 한 뼘 더 성장하는 계기가 될 거예요. 반대로

마음 돌보기
부정적인 감정이 들 때
PART 2

'그냥 이대로도 괜찮은데?'라고 생각한다면 그 부분은 나만의 개성인 거예요. 부족한 게 아니라 '나다운 것'이니까 당당하게 행동하세요. 그런데 친구의 말이 너무 심하다고 느껴질 때는 "그렇게 말하니까 속상해."라고 솔직하게 기분을 전하세요. 고민이 된다면 선생님이나 부모님의 의견을 들어보는 것도 좋아요.

원래 남들보다 상처를 잘 받는 사람도 있어요

가끔 기분이 상하는 일이 있더라도 그것을 성장의 기회로 받아들이면 좋겠지요. 하지만 그런 일이 너무 자주 일어나면 괴롭다고 느끼는 사람도 있어요. 도움이 되는 조언을 들어도 계속 불안하고 걱정하게 된다면, 나는 민감한 감수성을 타고난 사람일지도 몰라요. 감수성이 예민한 사람은 작은 일에도 큰 감동을 받지만, 사소한 말 한 마디에 민감하게 반응하기도 해요. 그래서 마음이 힘들어지는 일이 더 자주 생기곤 한답니다.

이럴 때는 혼자 끙끙 앓기보다 부모님이나 상담 선생님처럼 믿을 수 있는 어른들에게 솔직하게 이야기해 보세요. 사실 다섯 명 중 한 명은 예민한 감수성 때문에 고민한다고 해요. 하지만 이 섬세한 감수성을 잘 살리면, 오히려 나만의 특별한 장점이 될 수 있답니다.

오늘의 감정

13 친구가 질투 나요

왜 다른 친구를 질투하게 되는 것 같아?

내가 진 것 같은 느낌이 들어서인가…?

친구가 대단하다는 생각이 들면 약이 올라!

부럽다는 생각이 들면 친한 친구에게도 질투심이 생길 수 있어요. 오히려 가까운 사람일수록 더 질투하게 되기도 하지요. 그런데 ==질투심을 느낀다는 건 나에게 더 나아지고 싶은 마음이 있다는 뜻==이에요. 그러니까 질투심을 느끼는 걸로 너무 고민하지 않아도 돼요. '질투하면 안 돼!'라고 감정을 너무 억누르면 언젠가 더 이상 참지 못하고 상대에게 상처를 줄 수도 있어요.

질투를 하는 큰 원인 중 하나는 자신감이 없기 때문이에요. ==자신감이 생기면 주변 사람들의 좋은 점을 순수하게 인정할 수 있게 된답니다.== 이번에는 이런 질투심을 잘 다스리는 방법에 대해 알아봐요.

마음 돌보기
부정적인 감정이 들 때

PART 2

마음 돌보기

13 자신감이 생기면 질투심을 다스릴 수 있어요

다른 사람이 아닌 과거의 나와 비교해요

사람은 다른 사람과 자신을 비교하려는 경향이 있어요. 그래서 나에게 없는 걸 가진 친구를 보면 '부러워.', '얄미워.' 하는 질투심이 들기도 해요. 하지만 공부도 운동도, 모든 걸 다 잘할 수는 없어요. 자꾸 <mark>남과 자신을 비교하면 스스로 만족하는 날은 절대 오지 않을 거예요.</mark>

그래서 나에 대해 자신감을 갖는 것이 정말 중요해요. 일단 <mark>남과 나를 비교하지</mark>

마음 돌보기
부정적인 감정이 들 때   **PART 2**

말고 과거의 나와 현재의 나를 비교해 보세요. '국어 시험에서 만점을 맞은 친구가 부러워.'라고 생각하기보다는 '지난번에는 80점을 받았는데 이번에는 90점이나 받았어!'라고 생각을 바꿔 보는 거예요. 나의 노력과 성장을 스스로 인정해주면 질투심은 조금씩 줄어들어요. 그리고 '다음에는 더 열심히 해야지!' 하고 긍정적으로 생각할 수 있지요. 그러면 친구의 장점도 솔직하게 인정하고 함께 기뻐할 수 있답니다.

질투심은 스스로 이겨내요

자신감을 갖게 되면 질투하는 일이 줄어들지만 그래도 가끔은 질투심이 생겨요. 그럴 때 질투라는 감정을 상대에게 쏟아내면 다툼으로 이어질 수 있어요. 질투하는 마음은 혼자서 잘 다스리도록 해요.

일기나 노트처럼 나만 볼 수 있는 곳에 감정을 솔직하게 써 보세요. '나는 왜 이런 마음이 들었을까?' 하고 쓰다 보면 속이 후련해지고, 내가 바라는 모습이나 고치고 싶은 점도 보이기 시작할 거예요.

만약 참지 못하고 친구에게 질투심을 드러냈다면 솔직하게 사과하세요. 상대도 질투심이 어떤 마음인지 알기 때문에, 내가 먼저 "부럽고 질투가 나서 그랬어. 미안해."라고 진심을 말하면 충분히 이해할 거예요.

✏️ 적어 봐요

친구한테 질투가 나는 이유

· 친구들한테 인기가 많아 부러워.

· 공부를 잘해.

· 글씨도 잘 써.

오늘의 감정 14
별것 아닌 일로 짜증이 나서 부모님과 부딪혀요

왜 부모님 말씀에
그렇게 대드는 것 같아?

 이유는 잘 모르겠지만 그냥 화가 날 때가 많아!

 가족이니까 그래도 되는 거 아냐?

부모님 말씀에 괜히 짜증이 날 때가 있죠? 그중 큰 이유는 바로 사춘기예요. 사춘기는 마음이 자라나는 데 꼭 필요한 시기로, 보통 초등학교 고학년부터 고등학교 때까지 이어져요. 이 시기에는 '나도 이제 어른이 되고 싶어!' 하는 마음이 점점 커져서, 부모님께 반항하고 싶은 마음도 자꾸 생겨나요. 즉, 어른이 되기 위해 꼭 거쳐야 하는 과정이라고 할 수 있지요.

하지만 사춘기라고 해서 마음대로 짜증을 내거나, 다른 사람에게 상처를 줘도 괜찮은 건 아니에요. 정말 어른이 되려면 사과할 줄 아는 마음도 필요하답니다. 그렇다면 어떻게 하면 사춘기를 겪는 내 마음과 잘 지낼 수 있을까요?

마음 돌보기
부정적인 감정이 들 때 PART 2

마음 돌보기 14
사춘기를 건강하게 넘기는 방법을 알아봐요

마음이 자랄수록 시야도 생각도 넓어져요

사춘기가 되면 자립심이 생겨나고 자신의 의견이 뚜렷해지면서 어른들에게 반항하고 싶은 마음이 생기곤 해요. 지금까지는 부모님의 말씀을 순순히 따랐던 친구들이 '나라면 이렇게 할 텐데.', '부모님이 틀렸을지도 몰라.'라는 생각을 시작하면서 정신적으로 점점 성장하게 돼요. 부모님과 사이가 좋았던 친구도 '답답해.', '벗어나고 싶어.'라는 마음이 들 수 있어요. 그러면서 부모님보다 친구와 보내는 시간이 점점 많아지지요. 또래 친구들과 어울리다 보면 더 넓은 생각을 접하게 되고, 사람마다 서로 다른 생각을 한다는 것도 배우게 된답니다.

PART 2 마음 돌보기 — 부정적인 감정이 들 때

부모님께 상처를 드렸다면 사과해요

　사춘기는 아이에서 어른으로 성장하는 중요한 시기예요. 그런데 사춘기라고 해서 모든 걸 하고 싶은 대로 해도 되는 건 아니에요. 혹시 상처 주는 말을 했다면, 그 상대가 부모님이라고 해도 꼭 사과해야 해요. '부모님이니까 이해해주실 거야.' 하고 그냥 넘어가는 건 좋은 방법이 아니에요. 진짜 어른으로 성장하려면 가까운 사람에게도 제대로 사과할 줄 알아야 해요.

　자신의 의견을 표현하는 건 결코 나쁜 게 아니에요. 다만 상대방의 의견과 감정도 함께 존중하는 게 중요해요. '모든 게 내 뜻대로 되지는 않겠지만 내 감정을 솔직하게 전달해야지.'라고 생각하는 건 멋진 일이에요.

　부모님께는 사과를 못하지만 친구나 학교 선생님께는 사과를 잘하는 친구들이 많을 거예요. 하지만 부모님도 나와 친구들처럼 소중한 한 사람이에요. 다른 사람을 배려하듯 부모님께도 똑같이 대해 보세요. 사람 사이의 관계는 배려가 있을 때 더 깊어지거든요. 특히 사춘기에는 이 점을 더 신경 쓰면 좋아요.

오늘의 감정

15 거절을 못해서 괴로워요

싫은데도 거절하지 못할 때, 어떤 기분이 들어?

거절하면 날 싫어할까 봐 걱정돼….

내가 거절했을 때 그 친구가 속상할까 봐, 차마 못 하겠어.

친구가 같이 놀자고 하면 거절하기 어려울 때가 있어요. '거절했다가 다음에 안 불러주면 어떡하지?', '싫어한다고 생각하면 어떡하지?' 하고 걱정될 수 있지요. 그런 마음은 어른도 똑같이 느껴요. 하지만 내 의견을 가장 존중해주어야 하는 것은 바로 나 자신이에요. 그러니 마음이 불편하다고 해서 억지로 친구의 의견을 따르지 않아도 괜찮아요.

나랑 친구는 좋아하는 것도 다르고, 사람은 누구나 그날그날 기분이 달라요. 그래서 때로는 거절할 수도 있어요. 대신, <mark>거절할 때는 이유를 솔직하게 말하면 서로 이해할 수 있답니다.</mark> 어떻게 말하면서 거절하면 좋을지, 반대로 상대에게 거절당했을 때 어떤 마음으로 받아들이면 좋을지 함께 생각해 봐요.

마음 돌보기
부정적인 감정이 들 때   PART 2

109

마음 돌보기 15
나와 상대의 기분을 모두 **존중**해요

배려하며 동등한 관계를 만들어요

친구가 뭐가를 같이 하자고 한다고 꼭 해야 하는 건 아니에요. 그런데도 거절하기 어렵다면 아직 그 친구와의 사이가 충분히 편안하지 않기 때문일 거예요. ==서로의 기분을 존중하면서 편안하게 이야기하는 사이가 되는 게 중요해요.==

거절할 때는 "오늘은 가족들이랑 쇼핑 가기로 했어."와 같이 나의 사정을 설명하면 상대도 충분히 이해할 거예요. "그래도 고마워.", "같이 하면 좋았을 텐데 아쉽다."처럼 고마운 마음이나 아쉬운 마음을 덧붙이면 친구도 기분 좋게 받아들일 거고요. 그리고 다음에 또 같이 하자고 해줄 거예요.

마음 돌보기
부정적인 감정이 들 때
PART 2

또 서로 사정을 이해하고 나면 "그럼 내일은 어때?", "다음에 놀 때 같이 하자." 처럼 대화하며 조율할 수도 있어요. 내가 먼저 친구를 배려해 잘 거절하면 친구도 다음에 내 제안을 거절하기 쉬워져 친구와의 관계가 훨씬 편안해지고요. 반대로 친구가 내 제안을 거절하더라도, 친구에게도 사정이 있을 거라고 생각하고 너무 신경 쓰지 않도록 해요. '나를 싫어하나 봐.' 하고 불안해하지 않아도 돼요.

좋아한다면 불안한 마음도 솔직하게 말해요

친구의 제안은 거절할 수 있지만 좋아하는 사람의 제안은 거절하지 못하는 친구들이 있을 거예요. 그런데 좋아하는 사람이 성적인 행동을 하자고 할 수도 있어요. 하지만 '좋아한다'는 것이 '뭐든 다 해도 된다'는 뜻이 아니에요. 오히려 좋아하는 상대일수록 더 소중히 대해야 하고, 나는 언제나 존중받을 권리가 있어요. 불안하다면 그 감정을 솔직하게 말해 보세요.

반대로 나는 괜찮아도 상대방은 싫을 수 있어요. '그게 뭐라고?'라고 생각하지 말고 항상 상대의 기분을 물어보고 동의를 구하세요. 동의를 구하지 못했다고 해서 내가 무시를 당한 것은 아니에요. 제안이 마음에 들지 않는 것과 상대를 싫어하는 것은 전혀 다른 문제예요. 대화를 통해 서로 받아들일 수 있는 방법을 찾아 보세요.

오늘의 감정 16
SNS에 빠져 시간을 낭비해요

왜 그렇게 SNS를 자주 해?

반응이 늦으면 친구들이 기분 나쁠까 봐….

내 글에 반응이 없을까 봐 계속 신경이 쓰여.

SNS는 친구들과 쉽게 연결될 수 있어 편리하지만, 계속 신경 쓰느라 혼자만의 시간을 빼앗길 수 있어요. 일찍 잠에 들기로 마음먹었다가도 '혹시 연락이 왔나?' 하고 수시로 스마트폰을 확인하거나, 내가 올린 글에 댓글이 달렸는지, '좋아요'를 몇 개나 받았는지 궁금해서 할 일에 집중을 못했던 적이 있지요? 혹시 친구들이 나만 빼고 재미있는 얘기를 하고 있는 건 아닐까 불안해서, 스마트폰을 손에서 놓지 못할 때도 있을 거예요.

==물론 친구들과의 관계는 중요해요. 하지만 그에 못지않게 나만의 시간도 소중하답니다.== 하고 싶은 일이나 해야 할 일을 못 하고 있다면, 지금 SNS를 어떻게 쓰고 있는지 다시 생각해 보세요.

마음 돌보기
부정적인 감정이 들 때

PART 2

16 스마트폰, SNS는 규칙을 정해 사용해요

정해둔 시간까지만 사용해요

스마트폰이나 SNS는 매우 편리하지만 항상 타인과 연결돼 있어 시간을 많이 빼앗기고 쉽게 피곤해진다는 단점도 있어요. 마치 친구와 계속 같이 있는 것처럼 느낄 때도 많지요? SNS가 즐겁다면 괜찮지만, 너무 신경을 쓴 나머지 스트레스를 느끼고 있다면 스스로 규칙을 정하는 게 좋아요.

가장 쉬운 방법은 스마트폰을 사용할 시간을 정해 두는 거예요. 예를 들어 "밤 9시 이후에는 스마트폰을 보지 않으니까 답장은 내일 할게."라고 친구들에게 미리 알려 두면, 9시 이후부터는 온전히 나만의 시간을 가질 수 있답니다. 만약 규

마음 돌보기
부정적인 감정이 들 때   PART 2

칙을 정했는데도 자꾸 스마트폰을 보게 된다면 부모님께 잠시 맡겨 두는 것도 좋은 방법이에요.

'좋아요'가 나를 말해주지 않아요

SNS를 많이 하다 보면 자기 시간을 빼앗길 뿐 아니라 '좋아요'나 팔로워 수, 댓글, 답장에 걸리는 시간 등을 계속 신경 쓰게 되어 피곤해질 수 있어요. 친구들보다 '좋아요' 수가 적으면 불안하거나 화가 나는 친구들도 있을 거예요. '좋아요'를 많이 받기 위해 일부러 눈에 띄는 행동을 하기도 하는데, 그러다 보면 나도 모르는 사이에 범죄에 휘말릴 수도 있어요. 원래는 편하게 친구들과 소통하며 즐겁게 사용해야 할 SNS가 숫자 경쟁으로 변하면 스트레스가 되고 맙니다.

SNS 팔로워나 '좋아요' 수 같은 숫자가 사람의 좋고 나쁨을 결정짓는 게 아니에요. 용기 내 SNS의 알림을 꺼 보거나 사용 시간을 줄이는 등 SNS를 멀리할 방법을 찾아보세요.

그리고 SNS는 '직접 체험할 수 없다'는 점에서 한계가 있어요. 아무리 요리하는 영상을 열심히 봐도 직접 해 보지 않으면 요리를 잘할 수 없는 것처럼요. 흥미로운 것을 발견했다면 실제로 도전해 보세요. 잘하든 못하든, 그런 경험이 여러분의 마음을 더욱 풍요롭게 만들어줄 거예요.

115

`건강한 마음을 만드는 몸 돌보기 ②`

근육과 긴장을 푸는 운동

　불안하거나 초조하면 몸에 힘이 잔뜩 들어가요. 시험을 앞두거나 발표를 준비할 때, 어깨가 뻣뻣해지는 경험을 해 본 적 있지요? 몸과 마음은 서로 연결되어 있어서 단순히 '냉정해지자.', '긴장하지 말자.'라고 생각한다고 해서 금세 편안해지지는 않아요. 오히려 몸이 계속 긴장된 상태라면 마음도 점점 지친답니다.

　그럴 때는 먼저 근육을 풀어주는 게 좋아요. 손바닥, 팔, 목, 얼굴, 발 같은 부위에 10초 동안 힘을 꾹 주어 보세요. 그리고 10초 뒤에는 한 번에 힘을 툭 빼는 거예요. 이어서 10~20초 정도 천천히 심호흡을 하며 온몸에서 힘이 빠져나가는 느낌을 떠올려 보세요.

　이렇게 근육을 반복적으로 긴장시켰다가 푸는 연습을 하면 몸과 마음의 긴장이 동시에 풀리는 효과가 있어요. 특별한 도구가 필요하지 않고, 좁은 곳에서도 할 수 있으니 기분 전환이 필요할 때 꼭 시도해 보세요!

PART 3

마음 돌보기

더 잘하고 싶을 때

마음은 매일 돌봐줘야 해요

부정적인 감정을 풀고 건강한 상태로 돌아가기 위해서는 마음 돌보기가 도움이 돼요. 그럼 마음이 건강할 때는 돌보지 않아도 될까요? 그렇지는 않아요.

마음이 건강할 때도 잘 돌봐주면 '열심히 해야겠다'는 의욕이 생기고, '이렇게 하면 더 잘할 수 있겠다!' 하고 새로운 목표를 세우게 돼요. 또 긍정적인 시각을 갖게 되어 생각하는 방식도 더 밝고 건강해져요.

긍정과 부정, 모두 필요해요

　마음을 건강하게 유지하려면 긍정적인 생각이 중요해요. 하지만 모든 걸 좋게만 생각하는 게 정답은 아니랍니다. 때로는 '어쩌면 ~할지도 몰라….'라는 불안감을 가지고 조심스럽게 행동하는 마음도 필요해요.
　부정적인 감정 자체가 나쁜 건 아니에요. 다만 지나치게 부정적인 생각이 문제인 거예요. 긍정적인 감정도 마찬가지예요. 두 감정이 균형을 이루도록 항상 마음을 잘 돌봐줘야 해요.

이번에는 더 나은 내가 되어 보자!
의욕을 이끌어내는 마음 돌보기

사람마다 열심히 하고 싶은 이유도, 목표를 이루기 위해 해야 할 일도 달라요.
나에게 맞는 마음 돌보기 방법을 찾아봐요.

> 친구를 많이 사귀고 싶어!

♥ 내가 먼저 말을 거는 게 어려워.　　➡ **148**쪽

♥ 나보다 나이가 많은 사람과도 친해질 수 있을까?
　　　　　　　　　　　　　　　　➡ **150**쪽

♥ 모든 사람들과 잘 지내야 할 것만 같아. ➡ **152**쪽

더 잘하고 싶을 때도
마음 돌보기는
도움이 되지!

내가 꿈꾸는 모습이 되고 싶어!

♥ 지금의 내가 별로 마음에 안 들어.　　➡ **164**쪽

♥ 내가 과연 달라질 수 있을까?　　➡ **166**쪽

♥ 내 모습을 바꾸고 싶은데 어떻게 하지?　➡ **168**쪽

시험을 잘 보고 싶어요!

왜 시험을 잘 보고 싶어?

공부를 열심히 하는데 성적은 좋지 않거든.

시험 성적이 내 꿈에 걸림돌이 될까 봐 걱정돼….

　시험을 잘 보고 싶어 하는 이유는 다양해요. 어떤 친구는 공부한 만큼 성적이 나오지 않거나, 시험만 보면 평소보다 실력을 발휘하지 못해 고민일 수 있어요. 성적 때문에 원하는 학교에 가지 못할까 봐, 또 앞으로의 진로에 영향을 받을까 봐 불안한 친구도 있지요. 단순히 사람들에게 '머리 좋은 아이'로 보이고 싶을 수도 있고요.

　시험을 잘 보는 비결은 이런 고민 속에 숨어 있을지도 몰라요. '시험'을 뜻하는 영어 단어 '테스트(test)'에는 '시험해 보다'라는 뜻도 있답니다. 시험을 스스로의 가능성을 시험해 볼 기회라고 생각하고 자신의 고민을 찬찬히 들여다보면, ==스스로의 힘을 더 끌어낼 방법을 찾을 수 있을 거예요.==

마음 돌보기
더 잘하고 싶을 때

PART 3

좋은 직업

좋은 학교

높은 점수

 124쪽    126쪽   128쪽

작은 성공을 쌓아 자신감을 키워요

목표 점수를 눈에 보이는 곳에 붙여요

'이번엔 진짜 잘 봐야지.' 하고 막연하게 생각하기보다는 과목별로 목표 점수를 정해 보세요. '이 과목은 자신 있으니까 80점 이상을 목표로 해야지.', '이 과목은 자신 없으니까 일단 지난번보다 10점만 올려 보자.'와 같이 구체적인 목표를 정해 보는 거예요. 그리고 목표 점수를 적은 종이를 눈에 잘 띄는 곳에 붙여 두면, 공부를 열심히 해서 목표를 달성해야겠다는 의지를 다질 수 있답니다.

학교에서 시험을 여러 번 치르다 보면 '이 과목은 자신 있는데 이 부분은 어렵네.'라든가 '이 과목은 생각보다 어렵지 않네.'처럼 자신의 실력이 어느 정도인지 알게 될 거예요. 이런 경험을 바탕으로 어떤 과목은 목표 점수를 조금 낮추고, 다른 과목은 더 높게 잡으면서 나의 가능성을 끌어올려 보세요.

천릿길도 한 걸음부터! 차근차근 가요

이미 목표 점수를 정해 놓고 시험공부를 해온 친구들도 있을 거예요. 그런데도 목표한 만큼 성적이 잘 안 나와서 고민이라면 목표가 너무 높았던 걸지도 몰라요.

예를 들어, 평소에 50점 정도를 받던 친구가 갑자기 80점이나 90점을 받는 건 쉬운 일이 아니에요. 열심히 공부했는데도 목표를 이루지 못하면 크게 실망하고, '역시 난 안 돼.' 하고 포기해 버릴 수도 있어요. 그래서 처음에는 달성할 수 있는 목표부터 시작하는 게 좋아요. 비록 아주 작은 목표라도 '해냈다!'라는 성공 경험이 하나둘씩 쌓이면 여러분의 자신감도 점점 커질 거예요.

그리고 꼭 기억하세요. 시험은 '지금 내가 어디까지 공부했는지를 알아보는 시간'일 뿐, 그 점수가 내 능력을 의미하지는 않아요. 좋은 점수를 받지 못했다고 너무 실망할 필요 없어요. 오히려 시험을 내가 잘하는 것과 부족한 것을 알아보는 기회라고 생각하면 어떨까요? 매일 긍정적인 자세로 수업을 듣고 시험 공부를 해 나가면 여러분의 실력은 분명히 자라날 거예요.

마음 돌보기 1-2 시험 준비를 **철저히** 해요

충분한 수면과 아침 식사가 중요해요

평소라면 충분히 풀 수 있는 문제도 시험만 보면 갑자기 풀지 못하는 친구들이 있지요? 어쩌면 시험 당일에 생긴 문제가 아닐 수 있어요. 먼저 시험 보기 전 행동을 되돌아볼까요?

혹시 시험 전날 잠을 충분히 잤나요? 우리의 뇌는 자는 동안 저장된 정보를 처리해요. 그래서 잠이 부족하면 뇌에 정보가 제대로 정리되지 않아 생각하는 힘이 떨어지고, 결국 문제를 풀기 어려워질 수 있어요.

시험 보는 날의 아침 식사도 중요해요. 아침을 먹은 사람과 먹지 않은 사람을 비교했더니, 아침을 챙겨 먹은 사람이 더 좋은 성적을 받았다는 연구 결과도 있어요. 그 이유는 아침 식사를 하면 사람이 집중하는 데 필요한 혈당치(혈액 속 포도

당의 양)가 일찍부터 안정되기 때문이라고 해요. 따라서 시험 전날은 공부를 빨리 끝내고 잠을 충분히 자야 해요. 시험 보는 날 아침에는 밥을 꼭 챙겨 먹고, 좋은 컨디션으로 시험을 보도록 합시다.

의욕이 생기지 않을 때는 일단 10분만!

시험공부도 중요하지만, 공부할 마음이 잘 생기지 않아 고민인 친구도 있을 거예요. 그럴 때는 딱 10분만 해 보세요. 의욕이 없을 때는 시작하는 게 가장 어렵기 때문에 일단 손을 움직여 공부하다 보면 자연스럽게 의욕이 생기는 경우도 많아요. 좋아하는 과목이나 쉽게 풀 수 있는 문제부터 시작해 보세요.

스마트폰이나 만화, 게임처럼 공부에 방해가 될 만한 건 치우고, 공부하기 좋은 환경을 만들어 두세요. 좋아하는 음악을 한 곡 들으며 기분을 전환하는 것도 의욕을 끌어올리는 데 도움이 돼요. 그리고 공부한 시간이나, 문제집을 몇 쪽 풀었는지 등 공부한 분량을 눈으로 확인할 수 있도록 기록하는 것도 도움이 돼요.

마음 돌보기 **1-3**

주위 시선보다 나 자신에게 집중해요

목표로 가는 길은 하나가 아니에요

'나중에 하고 싶은 일이 있어.', '미래에 선택할 수 있는 길을 넓히고 싶어.' 라고 생각하며 시험공부를 열심히 하는 친구들도 있을 거예요. 목표를 향해 꾸준히 노력하는 건 정말 멋진 일이에요. 꾸준히 한 노력은 반드시 나에게 힘이 되어줄 거예요. 학업 수준이 높을수록 미래에 선택할 수 있는 길이 많아지는 것도 사실이에요.

예를 들어 의사나 변호사가 되려면 높은 학업 수준이 필요하기 때문에, 이런 장래 희망을 가진 친구들은 공부를 열심히 해야 한다는 생각이 클 거예요. 하지만 이것만큼은 꼭 기억하세요. 만약 꿈을 이루지 못한다고 해도, 여러분들이 그때까지 기울인 모든 노력이 수포가 되지는 않는다는 걸요.

예를 들어 의료 분야에서 사람을 구하거나 법률을 이용해 약자를 보호하는 것이 나의 목표라면, 꼭 의사나 변호사가 아니어도 할 수 있어요. 시험을 잘 봐서 그 길로만 가는 것이 전부가 아니라, 조금 돌아가거나 다른 길을 거쳐서도 꿈을 이룰 수 있답니다. 시험 결과만이 나의 미래를 결정하는 게 아니니 너무 스트레스를 받지 않길 바랍니다.

친구와 성적을 비교하지 마세요

'다들 내가 똑똑한 줄 아는데 시험을 못 보면 어떡하지?', '무시당하지 않으려면 시험을 잘 봐야 돼.' 이렇게 생각하는 사람도 있을 거예요. 하지만 주위의 시선 때문에 너무 긴장하면 오히려 실력을 제대로 발휘하지 못할 수도 있어요.

다른 사람과 자신을 비교하거나 친구들과의 차이를 신경 쓰는 마음은 이해해요. 하지만 계속 비교하다 보면 '쟤보다는 내 성적이 좋으니까 내가 더 낫지.'라는 식으로 다른 친구를 기준으로 자신의 실력을 판단하게 될 수 있어요. 그렇게 되면 친구의 장점은 보지 못하고 스스로의 실력을 지나치게 믿게 될 수도 있답니다. 지금 나의 성적과 실력은 친구들이 아닌 과거의 나 자신과 비교하세요. 주변 시선에 흔들리지 않고 나 자신에게 집중할 수 있어, 훨씬 차분하게 시험을 치를 수 있을 거예요.

주목을 받고 싶어요!

너는 왜 주목받고 싶어?

모두에게 주목받는 건 멋진 일이잖아!

내 실력을 제대로 보여주고, 인정받을래!

운동부에서 땀 흘리며 연습하는 친구들이나 예체능 학원에 다니는 친구들은 운동 경기나 발표회에서 그동안 갈고닦은 실력을 발휘하고 싶어 마음을 단단히 먹곤 하지요. 이런 마음가짐은 좋은 동기부여가 될 거예요. 또 어떤 친구는 사람들의 주목을 받기 위해 무대에 오르기도 하고, 공부보다 다른 분야에서 빛을 내고 싶어 열심히 하는 경우도 있어요.

이런 마음을 긍정적인 에너지로 바꿔서 실력을 키워 나가는 건 아주 좋은 일이에요. 내가 운동경기나 발표회에서 좋은 결과를 내고 싶은 이유를 생각해 보세요. 그러면 앞으로 해야 할 일이 뚜렷해지고 연습에도 속도가 붙을 거예요.

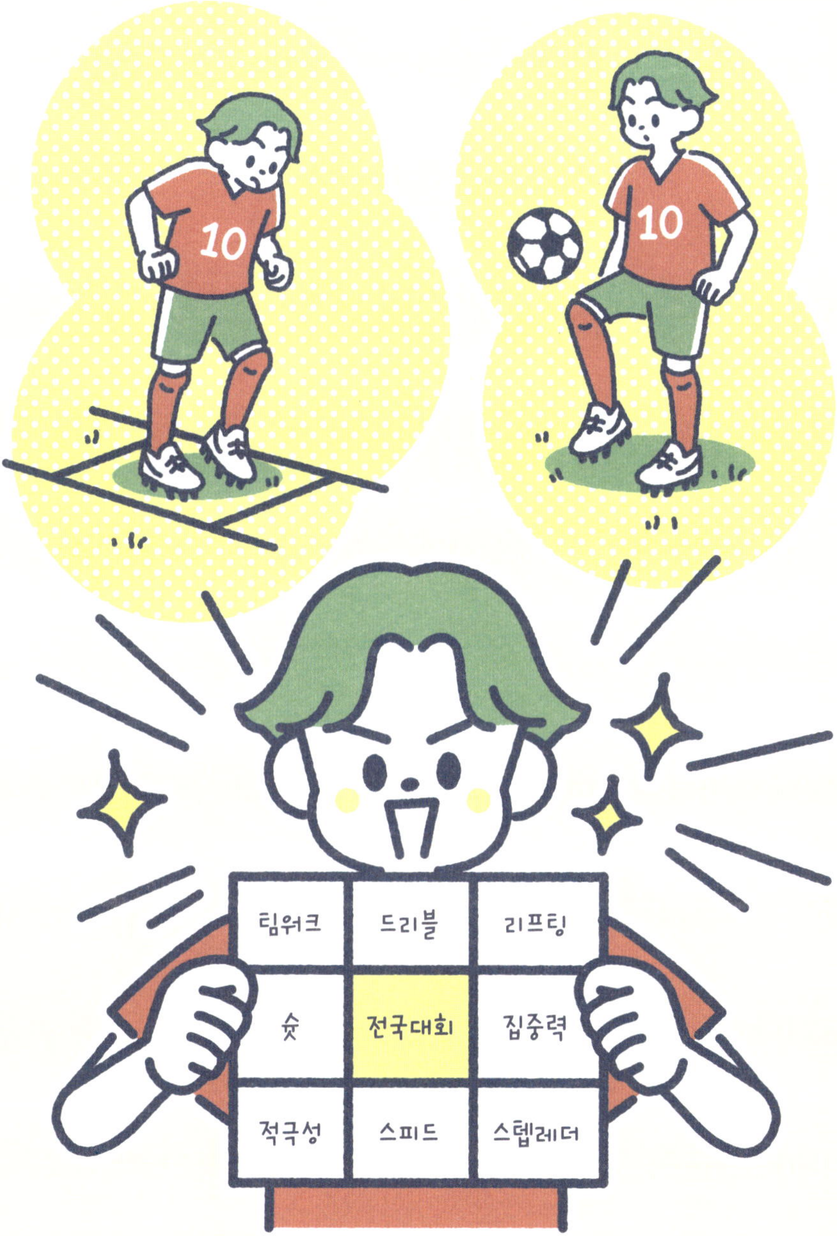

10
10
팀워크
드리블
리프팅
슛
전국대회
집중력
적극성
스피드
스텝레더

마음돌보기
2-1 132쪽
2-2 134쪽
2-3 136쪽

* 스텝레더: 줄사다리 모양의 도구를 깔고 하는 민첩성 훈련(옮긴이)

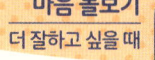

마음 돌보기 2-1
다 함께 잘해야 나도 빛날 수 있어요!

모두가 함께 잘할 수 있는 방법을 찾아요

학교 시험과는 달리, 운동경기나 발표회 같은 단체 활동에서는 혼자만 잘한다고 이길 수 없어요. 내가 좋은 성과를 내려면 팀원 모두가 함께 잘해야 해요. 내가 잘했더라도 우리 팀이 지거나, 우리 팀이 이겼는데도 다 같이 기뻐하지 못한다면 참 아쉬운 일이에요.

마음 돌보기
더 잘하고 싶을 때

PART 3

그러니까 나만 돌보이려고 하기보다는 모두가 활약할 수 있는 전략을 고민해야 겠지요? 그렇게 해야 모두가 한마음으로 경기를 준비할 수 있어 나도 더 좋은 결과를 내게 될 거예요. 그러다 보면 어느새 팀원들도 "○○ 덕분에 더 열심히 하게 돼!", "○○는 팀을 잘 이끌어." 하고 나를 인정해줄 거고요.

서로 성장하는 환경을 만들어요

운동경기나 발표회에 혼자 참여할 때도 마찬가지예요. 자기 성적에만 집중하고 주변 친구들에게 전혀 관심을 가지지 않는다면 오히려 실력을 키울 기회를 스스로 놓치게 되는 거예요.

예를 들어 내 장단점을 잘 알고 있는 친구가 있다고 해 볼게요. 내 성적을 올리는 데만 온 신경을 쏟다 보면 그 친구와 이야기를 나눌 시간이 거의 없을 거예요. 그럼 나에게 도움이 될지도 모를 조언이나 힌트도 듣지 못한 채 경기나 발표회에 참가하게 되는 거예요.

좋은 결과를 내서 주목받고 싶다면 먼저 주위를 둘러보세요. 그리고 친구들과 서로를 잘 이해하는 관계가 되어 보세요. 그렇게 하면 내 능력을 더욱 잘 발휘할 수 있는 건강한 인간관계와 환경이 만들어질 거예요.

마음 돌보기 2-2
프로가 되고 싶다면
공부도 열심히 해야 해요

경험을 분석하면 실력이 늘어요

    예체능 분야에서 프로 선수를 꿈꾸는 친구들도 있을 거예요. 그런 친구들은 경기나 발표회에서 좋은 결과를 내기 위해 매일 열심히 연습하곤 하지요.

    목표를 이루기 위해 노력하는 건 정말 중요해요. 유명한 발명가인 에디슨은 "나는 실패한 적이 없다. 그저 작동하지 않는 만 가지 방법을 발견했을 뿐이다."라고 말했다고 해요. 경기나 발표회에서 결과가 좋지 않았다면, 풀 죽지 말고 그 경험

PART 3 마음 돌보기 더 잘하고 싶을 때

을 통해 어떻게 하면 더 성장할 수 있을지 분석해 보세요.

때로는 자신감을 잃어 스스로가 싫어질 때도 있을 거예요. 하지만 진정한 프로는 그런 순간에도 자신을 돌아보고, 그 결과를 바탕으로 실력을 키워 결국 더 좋은 성과를 낸다는 걸 꼭 기억하세요.

공부는 꿈을 이루는 데 도움을 줘요

'프로가 되는 데 공부는 별로 중요하지 않으니까 적당히 하자.'라고 생각하는 친구들도 있을 거예요. 하지만 어떤 길을 가든 공부는 꼭 필요해요. 예를 들어 수학은 자신을 분석하는 힘을 길러주고 경기 전술을 짤 때 필요한 사고력도 키워줘요. 수학을 배우는 목적은 단순히 수식을 빠르고 정확하게 푸는 게 아니라, 주어진 문제를 차분하게 바라보고 해결하는 힘을 키우는 것이거든요. 국어는 다양한 사람들과 소통할 때 필요한 이해력과 표현력을 길러주고, 영어는 세계 무대에서 활동할 때 꼭 필요하지요.

이처럼 모든 과목이 프로 선수의 세계에서도 꼭 필요한 힘을 길러줄 거예요. 지금까지 프로를 꿈꾸며 공부를 소홀히 해왔다면 지금부터는 수업에 적극적으로 참여해 나의 능력을 키워 보세요!

마음 돌보기 2-3 긴장을 풀고 여유를 가져요

호흡과 근육을 가다듬고 긴장을 풀어요

4초 동안 숨을 들이마시고 4초 동안 숨을 내쉬어요

몇 분 동안 반복하세요.

10초 정도 몸에 힘을 꽉 줬다 풀어 보세요

평소에는 한 번이면 충분해요.
긴장했을 때는 두세 번 반복하세요.

학교 시험과는 달리 경기나 발표회에서는 많은 사람들의 주목을 받곤 해요. 가족, 친구, 코치나 선생님 혹은 그 분야의 전문가들이 지켜보는 상황도 생길 거예요. 이렇게 색다른 환경에서는 긴장해서, 평소라면 충분히 해낼 수 있는 일도 실수할 수 있어요.

사람은 긴장하면 산소를 더 많이 들이마시기 때문에 호흡이 거칠어져요. 그러면 숨이 잘 안 쉬어지거나 불안한 감정이 커질 수 있어요. 이럴 때는 호흡을 가다듬는 방법을 써 보세요. 4초 동안 천천히 숨을 들이마시고 4초 동안 천천히 내쉬세요. 숨을 내쉬는 데 집중하면 긴장을 푸는 데 큰 도움이 돼요. 이 방법을 몇 분 동안 반복하세요.

이 호흡법으로도 긴장이 사라지지 않는다면 근육을 풀어 몸의 긴장을 낮춰 보세요. 10초 정도 근육에 힘을 꽉 준 다음 "휴~" 하고 힘을 빼 보세요. 몸에 힘을 주는 동안에도 숨을 멈추지 않는 게 중요해요.

평소에도 <mark>긴장 푸는 연습을 꾸준히 해 두면, 실전에서도 자연스럽게 실력을 발휘할 수</mark> 있답니다.

조언을 듣고 문제점을 찾아봐요

긴장이 풀리면 연습할 때뿐 아니라 경기나 발표회에서 코치나 선생님의 조언을 잘 들을 수 있는 여유가 생겨요. 조언을 들을 때는 이해한 것 같은데 막상 해 보면 잘 안되는 경우도 있지요. 혹시 연습 중이라면 <mark>지도받은 내용을 메모하면서 어떤 점이 잘 안되고 있는지, 어떤 부분이 부족한지 정리해 보세요.</mark> 그리고 팀원이나 친구들에게 보여주면서 스스로 생각하고 있는 동작이나 표현과 무엇이 다른지 확인해 보세요. 내가 몰랐던 나의 문제점을 찾는 데 도움이 될 거예요.

경기나 발표회는 중요한 일이지요. 하지만 그게 전부는 아니라는 것도 기억하세요. 내가 좋아하는 것을 표현할 수 있는 무대이니, 너무 긴장하지 말고 맘껏 즐겨 보세요.

> 📝 **적어 봐요**
>
> ### 경기 오답 노트
>
> • 코치의 조언 : 주변을 잘 보지 못함
>
> • 잘 안되는 부분 : 머리로는 알고 있지만 눈으로 보지 못함
>
> • 그 이유는? 잘되게 개선하려면 어떻게 해야 할까?
> : 여유가 없기 때문
> ↳ 시야가 넓어질 때까지 드리블을 연습하자

오늘의 감정

3 꿈과 목표를 찾고 싶어요!

왜 갑자기 꿈과 목표를 찾고 싶어졌어?

하고 싶은 걸 즐기는 친구들이 부러워졌어.

꿈과 목표가 없으니까 허전해.

어느 날 문득 '나도 꿈이 있으면 좋겠다.'라는 생각을 한 적 있나요? 왜 그런 생각이 들까요? 어쩌면 가까운 친구가 뭔가에 열중하는 모습을 보고 초조해졌을 수도 있고, 무언가를 이뤄 주목받는 친구가 부러워서일 수도 있어요. 나와 같은 또래의 아이돌이나 배우를 보며 괜히 나와 비교하게 되는 경우도 있고요. 아니면 주변 친구와 비교를 당하고 나서 꿈과 목표가 없는 내가 싫어진 친구도 있을 수 있겠지요.

이유가 무엇이든 목표를 찾고 싶어 하는 마음 자체는 아주 바람직해요. 이제부터는 꿈과 목표를 발견하는 데 도움이 되는 방법들을 함께 알아볼까요?

마음 돌보기
더 잘하고 싶을 때

PART 3

 140쪽   142쪽   144쪽

마음 돌보기

3-1 좋아하는 것에 집중하면 꿈의 씨앗이 보여요

좋아하는 것을 깊이 탐구해 봐요

공부, 운동, 미술, 음악…. 무엇이든 자신이 좋아하는 분야에서 목표를 정해 열심히 노력하는 사람들은 매력적으로 보여요. 그런 사람들이 멋져 보인다면 먼저 ==내가 평소 즐겁게 하는 일에서 목표를 찾아보세요.==

예를 들어 요리를 좋아한다면 '나만의 레시피 백 개 만들기', 자전거를 좋아한다면 '어디까지 갈 수 있는지 도전해 보기'와 같은 목표는 어떨까요? 이런 목표는 주변에서 높이 평가해주지 않아도 스스로 보람을 느낄 수 있고, 더 큰 꿈을 찾는 계기가 될지도 몰라요. 하지만 주의할 점도 있어요. '많은 사람들에게 주목받고 싶다'는 생각에 갑자기 너무 큰 목표를 세우면 금세 지치고 질려서 좋아하던 것을 포기하게 될 수도 있거든요. '나만의 레시피 한 개 만들기', '자전거로 가본 적 없는 곳까지 가 보기'처럼 작은 목표부터 차근차근 성공해 보세요. 이렇게 쌓인 작은 성공 경험이 모여서 언젠가 큰 꿈과 목표로 자라날 거예요.

하나의 목표를 이루면 그 다음 단계로 넘어가요

　목표를 달성한 뒤에는 스스로를 남과 비교하지 않는 것이 중요해요. 아무리 큰 목표를 이뤘더라도 그건 인생의 중간 지점일 뿐이에요. 어쩌면 새로운 시작일 수도 있고요. 하나의 목표를 달성했다면 다른 친구와 비교하기보다는 또 다른 목표로 눈을 돌려 한 걸음 더 나아가 보세요. 상상도 못할 만큼 멋진 결승점이 나를 기다리고 있을지도 몰라요.

　한편, 좋아하는 일을 꿈이나 목표로 삼았을 때 조심할 것이 있어요. 꿈을 이루는 데만 몰두하다가 정작 무언가를 좋아하는 기쁨을 잃어버리면 안된다는 거예요. 무언가를 좋아하는 마음은 지금 이 순간을 풍요롭게 만들어 주는 소중한 감정이에요. 만약 좋아하는 일을 하느라 힘들고 지친다면, 잠시 목표에서 한발 물러나 휴식을 취하도록 해요.

마음 돌보기 3-2
포기하고 싶을 때는 스스로를 **격려**해요

스스로의 가능성을 상상해 봐요

꿈을 이루는 사람은 드물어서, 왠지 그들만 특별한 재능을 가진 것처럼 느껴질 때가 있어요. 하지만 사실 꿈을 이룬 사람들은 대부분 기나긴 시간 동안 자신의 분야를 공부하고 땀 흘리며 연습을 거듭한 사람들이에요.

이렇게 치열하게 노력하는 모습을 떠올리면 나도 모르게 꿈 앞에서 주저하게 될 수 있어요. 그렇지만 사실 나에게 재능이 있는지는 누구도, 심지어 나 자신조차 쉽게 알 수 없어요. 어쩌면 눈에 띄는 재능을 가진 사람들보다 내 안에 더 큰 가능성이 숨어 있을지도 모른답니다. 그러니 용기를 내서 도전하고 나만의 가능성을 찾아 보세요.

마음 돌보기
더 잘하고 싶을 때

PART 3

그리고 미래에 꿈을 이룬 내 모습을 떠올려 글로 적어 보세요. 원하는 것을 이룬 내 모습이 어떨지, 그때 난 어떤 기분일지 상상해 보는 거예요. 그 상상을 현실로 만들 기회는 하루하루의 일상 속에 있을지도 몰라요. 하고 싶은 일이 있지만 망설이고 있다면 일단 한번 시작해 보세요. 꾸준히 해 나가다 보면 분명히 나에게 딱 맞는 꿈과 목표를 만나게 될 거예요.

'어차피 안 될 거야.'라는 생각은 버려요

꿈과 목표를 거의 다 찾고도 '어차피 안 될 거야.', '이게 될 리가 없지.' 하며 포기하는 친구들도 많아요. 작은 목표를 이뤘는데 그다음 목표 앞에서 멈춰 서는 경우도 있고, 꿈을 눈앞에 두고도 결국 포기해 버리는 경우도 있지요.

지금 당장 꿈과 목표를 이룰 자신이 없더라도, 일단은 용기를 내 한 발짝 앞으로 나아가 보세요. 뭔가에 몰입해 본 사람은 다른 일에서도 그 경험을 살릴 수 있어요. 만약 꿈과 목표에 다다르지 못하더라도 내가 쌓은 경험은 절대 사라지지 않아요. 사실 아무리 잘하는 사람도 도중에 포기하는 경우가 많아요. 반대로 끝까지 포기하지 않고 자신이 좋아하는 일을 꾸준히 하는 것, 그 자체가 뛰어난 재능이라는 걸 꼭 기억하세요.

마음 돌보기 3-3 좋아하는 게 뭔지 모른다면 이유를 찾아봐요

예전에 좋아했던 걸 다시 해 봐요

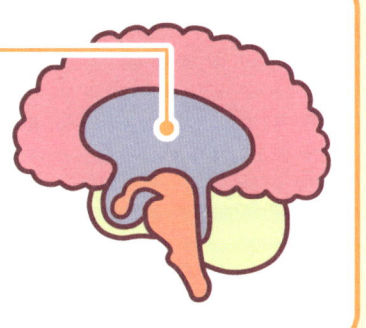

선조체
대뇌 깊은 곳 중심부에 있는 기관으로 사람이 무언가를 결정할 때 중요한 역할을 해요.

크게 혼나거나 상처를 받으면 선조체가 제대로 움직이지 않아 의욕을 잃게 돼요.

2022년 일본 경제산업성이 발표한 자료에 따르면, 전 세계 18세 미만을 대상으로 "미래에 꿈이 있나요?"라고 물었을 때, 일본에서는 열 명 중 네 명 가량이 대답하지 못했다고 해요. 반면 미국, 영국, 독일 등 다른 나라에서는 대답하지 못한 청소년이 열 명 중 한두 명에 불과했지요.

왜 이런 차이가 나타날까요? 여러 이유가 있겠지만, 어떤 나라는 다른 나라들보다 더 누군가의 실수나 잘못을 크게 나무라는 경향이 있다고 해요. 여러분도 좋아하는 일에 몰두하다가 누군가에게 꾸중을 들은 경험이 있나요?

마음 돌보기
더 잘하고 싶을 때

PART 3

사람의 의욕은 뇌에 있는 '선조체'라는 신경의 움직임으로 결정돼요. 뇌에서 선조체가 활발히 움직이면 의욕이 샘솟아 뭔가에 몰입할 수 있어요. 반면 누군가에게 상처를 받거나 크게 혼이 나면 선조체가 제대로 기능하지 못해요.

혹시 좋지 않은 추억 때문에 좋아하던 일을 포기했다면 무리되지 않는 선에서 다시 한번 시도해 보세요. 실패해도 꾸짖는 사람이 없는 곳에서 방해받지 않고 즐길 수 있다면, 예전에 느꼈던 반짝이는 의욕이 조금씩 되살아날 거예요. 잊고 있던 꿈과 목표가 다시 떠오를지도 모르고요.

꿈은 어느 날 갑자기 찾아와요

안 좋은 기억 때문에 꿈과 목표를 잃어버렸을 뿐 아니라 좋아하는 것이나 작은 목표조차 찾기 어려운 친구들도 있을 거예요. 그런 친구들은 아직 자신에게 딱 맞는 기회를 못 만난 것일지도 몰라요. 하지만 우리에게 똑같은 하루는 없어요. 어느 날 갑자기 '바로 이거야!' 하고 마음을 움직이는 무언가를 발견하는 순간이 다가올 거예요. 그러니 지금 당장 꿈과 목표가 없다고 초조해하지 않아도 괜찮아요.

꿈과 목표를 발견하는 그날이 올 때까지 하루하루 성실히 지내 보는 건 어떨까요? 공부든 취미든 열심히 하다 보면, 어느 순간 '이걸 더 해 보고 싶다!'라는 마음이 자연스럽게 싹틀지도 몰라요.

오늘의 감정 4
친구가 많으면 좋겠어요!

왜 친구가 더 많으면 좋겠어?

내가 좋아하는 것을 함께 나눌 수 있는 친구가 많으면 좋잖아.

동갑 친구 말고도 다양한 친구가 있으면 어른이 된 것 같고 멋있지 않아?

친구가 많은 사람이 멋져 보일 때도 있고, 다른 친구가 여러 사람과 두루두루 사이좋게 지내는 모습이 대단해 보일 때도 있어요. 꼭 또래 친구들이 아니더라도 내가 좋아하는 것을 더 많은 사람들과 나누고 싶은 마음이 들기도 하고요. 많은 사람들과 어울리다 보면 세상엔 다양한 사람이 있다는 걸 알게 돼요. 그런 점에서 친구 관계를 넓히는 건 멋진 일이에요. 하지만 사람 사이의 관계는 생각보다 쉽지 않아요. 많은 고민이 인간관계에서 생기곤 하니까요. 그러니 너무 무리하지는 말고, 어떻게 하면 나의 속도대로 더 많은 사람들과 친구가 될 수 있을지 함께 생각해 봐요.

마음 돌보기
더 잘하고 싶을 때 **PART 3**

마음돌보기
4-1 148쪽　**4-2** 150쪽　**4-3** 152쪽

마음 돌보기 4-1
관심사가 비슷하면 친해질 기회가 생겨요

내가 무엇을 좋아하는지 주변에 알려 봐요

지금 푹 빠져 있는 것이나 사람에 대해서 이야기하고 싶어 입이 근질근질한 적이 있지 않나요? 주변에 나와 같은 취미를 가진 사람이 없으면 더 그럴 거예요. 그런데 여러분이 뭘 좋아하는지 주변 사람들에게 말해 본 적 있나요? 알고 보면 비슷한 관심사를 가진 친구가 가까운 곳에 있을지도 몰라요. 하지만 내가 먼저 내 관심사를 드러내지 않으면 그런 친구를 만날 기회가 줄어들지요.

일단 여러분의 관심사를 주위에 알려 보세요. 그런데 누군가와 친구가 되려면 서로 인사부터 나눠야 하지요. 평소에 대화해 본 적이 없는 친구에게는 인사를 건

네기조차 어려울 수 있어요. 그럴 때는 여러분의 관심사가 눈에 잘 띄도록 하는 것도 하나의 방법이에요. 예를 들면 여러분이 좋아하는 캐릭터 인형이나 아이돌 굿즈를 가방에 달아 보는 거예요. 어쩌면 누군가 그걸 보고 "너도 그거 좋아해?" 하고 먼저 말을 걸어올지도 모르니까요.

상대가 좋아하는 것에 대해서도 물어봐요

누군가 먼저 말을 걸어온다면 <mark>일방적으로 내가 좋아하는 것에 대해서만 말하지 않도록 주의하세요.</mark> 관심사가 같아도 좋아하는 부분은 조금 다를 수 있거든요. 상대가 어떤 점을 좋아하는지, 어떻게 관심을 갖게 되었는지 물어보면 대화가 더 즐겁고, 서로를 잘 알게 되면서 한층 친밀해질 거예요.

온라인이나 SNS에서 관심사가 비슷한 친구를 찾기가 더 쉽다고 생각하는 친구들도 있을 거예요. 그런 관계도 중요해요. 하지만 얼굴이 보이지 않는 상대라는 점에서 현실의 친구보다 위험할 수도 있으니 조심하는 게 좋아요.

그리고 여러분과 관심사가 다른 사람과도 친구가 되어 보세요. <mark>지금까지 몰랐던 새로운 세계를 소개해주는 친구는 더 멋져 보이지 않나요?</mark> 관심사가 다르지만 친해지고 싶은 친구가 있다면 내가 먼저 다가가서 그 친구가 좋아하는 것에 대해 물어보세요. 생각보다 훨씬 빨리 가까워질 수도 있답니다.

마음 돌보기

4-2 학교 밖에서도 친구를 사귈 수 있어요

교실에서만 친구를 사귈 수 있는 건 아니에요

　학교 교실 밖에서도 새로운 친구를 만날 기회는 생각보다 많아요. 예를 들면 같은 학원에서 만나는 친구들과도 충분히 가까워질 수 있어요. 엘리베이터에서 자주 마주치는 이웃과 인사하며 자연스럽게 친해질 수도 있고요.

　또, 내가 사는 지역에서 열리는 다양한 프로그램이나 자원봉사에 참여하면 내 또래가 아닌 다양한 사람들을 만날 수 있어요. 단체 활동에 참여하다 보면 모르는 사람과도 자연스럽게 대화를 나누게 되니 친해지기 쉽지요. 이렇게 학교에서만 인간관계를 넓힐 수 있는 것은 아니에요. 시야를 넓히면 이미 내가 일상에서 많은 사람들과 만나고 있다는 걸 깨닫게 될 거예요.

나이가 달라도 친구가 될 수 있어요

동갑이 아닌 사람과 친구가 되면 새로운 가능성을 발견할 기회가 생기기도 해요. 예를 들어 낯을 가리는 친구가 나이 차이가 나는 사람과는 의외로 편하게 대화할 수 있다는 걸 깨닫는 경우도 있어요.

나보다 나이가 많은 친구는 내가 모르는 것을 알려주기도 하고, 고민을 해결할 방법을 가르쳐주거나 내가 망설일 때 용기를 주는 든든한 존재가 될 수 있어요. 그 덕분에 더 넓은 세상을

경험하고 새로운 것에 도전하게 될 수도 있어요. 나에게 어려운 일이 생겼을 때, 평소 가까이 지내는 어른이 있다면 도움을 받을 수도 있고요.

물론 잘 모르는 어른이나 이상한 행동을 하는 어른은 조심하세요. 이야기를 들어주겠다고 해서 인터넷이나 SNS를 통해 알게 된 사람을 무턱대고 직접 만나는 일은 피해야 해요. 혼자서 해결할 수 없는 문제가 생겼을 때는 부모님이나 선생님, 반 친구처럼 믿을 수 있는 사람에게 즉시 상의하세요.

마음 돌보기 4-3 지금의 친구 관계를 돌아봐요

함께 있을 때 즐거워야 친구예요

'모두와 사이좋게 지내야 해.'라는 생각 때문에 자신과 의견이 맞지 않는 친구에게도 억지로 맞추려는 친구들이 많을 거예요. 또 눈에 띄는 그룹에 끼고 싶어서 꾹 참으며 자신과 맞지 않는 친구들과 어울리는 사람도 있지요?

이렇게 억지로 친구 관계를 유지하다 보면 언젠가 지치게 돼요. 친구는 진심으로 즐거운 관계, 그리고 서로 응원해줄 수 있는 관계여야 한답니다.

만약 내가 억지로 관계를 유지하는 친구가 있다면 함께 시간을 보내는 횟수를 줄이는 등, 용기를 내서 조금씩 거리를 두세요. 모두와 사이좋게 지내지 않아도 돼요. 사이좋게 지낼 수 없는 친구가 있어도 괜찮아요.

연결되어 있음을 느끼면 행복해져요

사실 내가 깨닫지 못했을 뿐, 나는 이미 충분히 넓은 인간관계를 맺고 있을지도 몰라요. 아들러라는 유명한 심리학자는 사람이 행복하게 살아가기 위해서는 '우리는 서로 도우며 살아가고 있고 연결되어 있다'라고 느끼는 게 중요하다고 말했어요. 예를 들어 내가 지우개를 안 가져온 친구에게 지우개를 빌려주거나, 반대로 내가 교과서를 깜빡했을 때 누군가 보여준다면 그런 느낌을 받을 수 있을 거예요.

만약 내가 평소에도 그런 느낌을 자주 경험하고 있다면 나는 이미 충분히 좋은 관계를 맺고 있다고 볼 수 있어요. 그러니 모두와 꼭 친하게 지내야 한다고 생각할 필요는 없어요. 아주 친한 사이는 아니더라도, 어려울 때 서로 도와줄 수 있다는 믿음이 있다면 그 자체로도 소중한 관계랍니다.

더욱 행복해지는 방법

자기 자신을 있는 그대로 받아들이기

상대방을 있는 그대로 받아들이기

타인에게 친절하기

오늘의 감정 5

새로운 것에 도전하고 싶어요!

왜 갑자기 새로운 것에 도전하고 싶어졌어?

지금까지와는 다른 모습을 보여주고 싶어!

새로운 걸 하면 내가 더 달라질 것 같거든.

    내가 잘 못하는 걸 친구가 잘하면 부러운 마음이 들 때가 있지요? "기타 칠 줄 아는구나, 멋지다!", "영어를 잘하다니 대단해!"라고 말하게 되는 것처럼요. 이렇게 친구들이 멋져 보여서 새로운 걸 시도해 보려는 친구들도 많을 거예요. 또 막연히 지금의 내 모습에서 벗어나 완전히 새로운 내가 되기 위해 무언가에 도전해 보고 싶은 친구들도 있을 거고요.

    10대가 되면 학교 친구나 선생님뿐 아니라 운동이나 취미 활동을 통해서도 새로운 사람들을 만날 기회가 많아져요. 앞으로 다양한 경험을 하면서 나의 새로운 가능성을 끌어내줄 만한 무언가를 만난다면 정말 큰 행운일 거예요.

마음 돌보기
더 잘하고 싶을 때

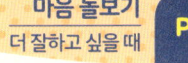 PART 3

 156쪽    158쪽    160쪽

마음 돌보기

5-1 도전하는 것 자체가 가치 있는 일이에요

우리의 뇌는 새로운 걸 원해요

새로운 것을 꼭 학교나 학원에서만 찾을 수 있는 건 아니에요. '서핑을 해 보고 싶어.'라거나 '소설을 써 보고 싶어.'처럼 새로운 취미를 찾으려는 시도나, '여기 가 보고 싶어.', '이 음식을 먹어 보고 싶어.'처럼 새로운 장소나 맛에 대한 관심도 모두 새로운 경험이 될 수 있어요.

새로운 경험은 두뇌에도 좋은 영향을 줘요. 뇌는 새로운 걸 원하는 성질이 있어요. 우리가 새로운 일에 도전하면 뇌에서 기분이 좋아지는 '도파민'이라는 물질이 나와요. 그래서 새로운 경험을 할 때 느끼는 자극이 뇌를 회복시키고, 사람의 능력을 더 끌어내주기도 해요.

마음 돌보기
더 잘하고 싶을 때

PART 3

뇌가 새로운 것을 원하는 정도는 사람마다 달라요. 어떤 친구는 새로운 걸 시도해 보기를 좋아하지만, 또 어떤 친구는 익숙한 걸 더 편하게 느낄 수도 있어요. 어떤 게 더 옳거나 그른 건 아니에요. 중요한 건, '새로운 것에 도전해 보고 싶다.'라는 마음 자체가 이미 멋지고 소중하다는 거예요. 그 마음을 지켜 나가면서 다양한 도전을 해 보기를 바랍니다.

새로운 도전은 나의 세계를 넓혀줘요

새로운 일을 시도하는 것은 뇌를 회복시키는 데 도움이 될 뿐만 아니라, 낯선 세계로 첫발을 내딛는다는 의미이기도 해요. 지금까지 해 본 적 없는 분야에 뛰어들면 그 과정에서 새로운 사람들을 만나게 되지요. 이런 새로운 만남을 소중히 여기면서 도전하다 보면, 그 분야를 더 즐겁게 배우게 되고 실력도 훨씬 빨리 키울 수 있어요.

또 새로운 경험은 대화의 소재도 풍부하게 만들어줘요. 지금까지 별로 이야기해 본 적 없던 학교 친구나 어른들과도 자연스럽게 이전이라면 하지 않았을 대화를 나눌 기회가 생길 거예요. 어쩌면 내 도전에 흥미를 느낀 주변 친구들이 함께 관심을 가지면서, 새로운 활동을 같이 즐길 친구가 많이 생길지도 몰라요.

 불안을 용기로 바꿔 봐요

도전한 나를 칭찬해주세요

새로운 일에 도전해 보고 싶어도 첫발을 내딛는 데는 큰 용기가 필요해요. 하고 싶은 일을 해 보려다가도 '나한테 잘 안 맞으면 어쩌지?', '힘들면 어쩌지?'라는 생각이 들어 망설이게 될 수도 있어요.

불안한 건 당연해요. 하지만 불안이 너무 커져서 스트레스를 받게 되는 건 너무 안타까운 일이에요. 무언가에 도전했다가 잘 안되거나 도중에 그만두고 싶을 때는 도전했다는 사실 자체에 의미를 두세요. 남들이 '쉽게 포기했네.'라고 생각할까 봐 걱정하는 친구들도 있겠지만, 다른 사람의 시선은 중요하지 않아요. 무엇보다 중요한 건 새로운 것에 도전한 나 자신을 칭찬해주는 거예요.

불안을 날려주는 긍정적인 상상

새로운 도전을 앞두고 불안하거나 부담이 될 때는, 일단 멋지게 성공한 내 모습을 상상해 보세요. 상상 속 내 모습이 어떤가요? 반짝반짝 빛나고 즐거워 보이지 않나요? 그런 상상을 하다 보면 자연스럽게 긍정적인 마음이 생겨나요. 그리고 부담감은 줄어들어 힘을 낼 수 있지요.

그리고 친구, 가족 등 소중한 사람들을 떠올려 보세요. 나를 응원해주는 사람들을 생각하면 마음이 든든해질 거예요. 그 마음을 잊지 말고 불안감을 새로운 시작을 위한 용기로 바꿔 보세요. 단, 도전을 시작한 뒤 '이건 좀 아닌 것 같은데.'라는 생각이 들면 잠시 멈춰서 고민해 보는 것도 필요해요. 계속할지, 다른 일에 도전할지 차분하게 판단해 보세요.

마음 돌보기
5-3 '도전해야 하는데….' 하고 초조해하지 마세요

도전하는 친구들의 이야기를 들어 보세요

앞에서 꿈과 목표를 향해 열심히 노력하는 친구를 보고 초조해질 때도 있을 거라고 했지요. 주변 친구들이 새로운 도전을 하는 걸 보고 '나도 뭔가 해야 되는데…'라고 생각하고 있지는 않나요?

꿈이나 목표와 마찬가지로 도전하고 싶은 일도 생각한다고 곧바로 떠오르지는

마음 돌보기
더 잘하고 싶을 때
PART 3

않아요. 그러니 조급해하지 말고, 내가 무엇을 하고 싶은지 차분히 마음을 들여다 보며 일상을 지내 보세요. 그러다 보면 어느 순간 '이거다!' 하고 떠오를지도 몰라요.

또, 친구들은 어떤 새로운 시도를 하고 있는지 한번 물어보세요. 이야기를 나누다 보면 친구가 하는 일에 흥미가 생겨 나도 해 보고 싶어질 수도 있고, 새로운 아이디어가 떠오를 수도 있답니다.

푹 쉬어야 다시 힘이 생겨요

요즘 무엇에도 관심이 없고 의욕도 생기지 않는다면, 혹시 몹시 피곤한 상태인 건 아닐까요? 몸이 피곤하면 마음에도 분명히 영향을 주거든요.

학교나 학원 수업, 숙제, 친구 관계만으로도 몸과 마음은 충분히 지칠 수 있어요. 그런 상태에서는 무슨 일에든 흥미가 생기기 어려워요. 그러니 '난 도전할 수 없는 사람인가 봐.'라며 풀 죽을 필요 없어요. 먼저 천천히 쉬면서 몸과 마음을 안정시키세요.

우선 잘 쉬는 게 중요해요. 잠을 충분히 자고 아침에는 햇볕을 쬐어 보세요. 아침 햇살은 뇌에서 세로토닌이라는 호르몬이 더 많이 나오도록 하는데, 세로토닌은 '행복 호르몬'이라고 불릴 만큼 마음을 편안하게 만드는 효과가 있답니다. 너무 서두르지 말고 충분히 쉬다 보면, 몸과 마음이 안정되고 의욕이 조금씩 살아날 거예요.

오늘의 감정 6
되고 싶은 내 모습이 있어요!

왜 지금의 너와는 다른 네가 되고 싶어?

지금 내 모습이 마음에 안 들어.

닮고 싶은 롤 모델이 있거든!

  자신의 성격이나 특징 중에서 마음에 들지 않는 부분이 있다면 '이런 내가 싫어! 난 다른 모습이 되고 싶단 말이야.'라는 생각이 들곤 하지요? 어쩌면 내가 지금보다 더 멋진 모습으로 성장하려는 신호일지도 몰라요.

  때로는 '난 이 사람처럼 되고 싶어.'라며 누군가를 떠올리기도 할 거예요. 현실에 존재하는 사람일 수도 있고 만화나 애니메이션의 등장인물일 수도 있어요. 그 사람의 말과 행동뿐 아니라 체형이나 옷차림 같은 겉모습까지, 나와 다른 모습을 동경하게 되지요. 하지만 '더 멋진 나'에 가까워지고 싶다면 가장 먼저 해야 할 일은 내 안에 이미 있는 좋은 점을 찾아보는 거예요. 내가 원하는 나의 모습에 대해 함께 생각해 봐요.

마음 돌보기
더 잘하고 싶을 때
PART 3

자신감 있는 태도

항상 밝은 표정

친화력 있는 성격

 164쪽  166쪽  168쪽

6-1 지금의 나도 괜찮아요

마음 돌보기

> 지금의 나 + 내가 바라는 나

'이렇게 되고 싶어.' 하고 이상적인 모습을 바라다 보면, 지금의 내 모습을 있는 그대로 받아들이기 어려울 때가 있을 거예요. 하지만 건강한 변화란 지금 가진 장점을 소중히 여기면서 원하는 모습에 조금씩 다가가는 거예요. 예를 들어, '나는 밝고 건강한 내 모습이 참 좋아. 여기에 조금 더 차분한 모습이 있으면 좋겠어.'라고 생각하는 거지요.

만약 <mark>자신의 장점이 전혀 떠오르지 않는다면 스스로를 돌아보는 계기로 삼아 보세요.</mark> '이렇게 되고 싶어.' 또는 '이런 사람이 되고 싶어.'라는 생각에만 빠져서 조급해지거나 무리하게 변하려고 하면 지금 내가 가진 좋은 점들을 놓칠지도 몰라요. 이런 안타까운 일이 생기면, 나를 아끼는 사람들을 슬프거나 걱정스럽게 만들 수도 있어요.

'지금의 나'에 집중해 봐요

스스로를 부정적으로 바라보는 사람은, 아마도 누군가에게서 자신의 성격이나 특징에 대해 부정적인 말을 듣고 상처받은 경험이 있을지도 몰라요. 아니면 크게 실패한 경험이 마음속 깊은 곳에 남아 있을 수도 있고요.

이렇게 과거의 안 좋은 기억에 사로잡혀 '빨리 나를 바꾸고 싶다.'라는 생각만 앞서게 되면, 원하는 미래만 꿈꾸느라 마음은 지금 이 순간에서 점점 멀어지게 돼요. 사실 우리의 마음은 한 가지에만 집중하기 어려워서 자꾸 지나간 과거나 알 수 없는 미래를 떠올리곤 하거든요.

그럴 때는 '마음 챙김'이라는 방법으로 마음과 몸을 안정시켜 보세요(자세한 내용은 37쪽을 참고하세요). 3분 동안 눈을 감고 호흡에만 집중해 나의 마음이 지금 이 순간에 머무르게 해 보세요.

마음과 몸이 안정되면 내 감각이 강렬하게 되살아날 거예요. 호흡을 느끼는 나, 쉽게 집중하지 못하는 나, 조금씩 깊게 집중하는 나⋯. 이 연습을 하다 보면 '지금의 나'를 있는 그대로 바라보며 어느새 나의 좋은 점도 하나둘씩 눈에 들어올 거예요.

마음 돌보기 6-2 시간을 들여 천천히 변해 가면 돼요

마음도 요요 현상을 겪어요

'내가 바라는 나'가 되기 위해 이미 여러 가지 시도를 하고, 주변 사람들에게 조언을 구해 본 친구도 있을 거예요. 그런데 생각만큼 눈에 띄는 변화가 없어 초조하지는 않았나요?

사람이 한순간에 크게 바뀌기는 어려워요. 사람의 몸에는 항상성(homeostatic)이라는 성질이 있기 때문이에요. 항상성이란 급격한 변화가 생겼을 때 원래의 상태로 돌아가려는 성질이에요. 마치 급격한 다이어트 뒤에 몸무게가 다시 늘어나는 요요 현상처럼요. 또, 날씨가 더워지면 몸에서 땀을 내보내 체온을 낮추고 추워지면 몸을 덜덜 떨어서 체온을 높이려고 하지요? 몸이 스스로

마음 돌보기
더 잘하고 싶을 때

PART 3

반응해서 체온을 일정하게 유지하려는 노력한 거예요.

　이런 반응은 성격이나 특징, 마음의 습관처럼 눈에 보이지 않는 부분에서도 일어나요. 마음도 갑자기 변화하려고 하면 그 반동으로 예전 모습으로 돌아가려고 해요. 그러니 변화가 더디다고 해서 자신이 나약하거나 노력이 부족해서라 그렇다고 스스로를 탓하지 마세요. 사람이라면 누구나 겪는 자연스러운 현상이랍니다. 시간을 들여 천천히 되고 싶은 모습에 가까워지면 돼요.

변화를 눈으로 확인할 수 있게 기록해요

　변화하려면 시간이 필요해요. 그런데 빨리 변하고 싶다는 성급한 마음이 앞서면, 기다리는 시간이 답답하고 힘들어서 중간에 포기하고 싶어질 수도 있어요. 그러지 않도록 ==매일의 작은 변화를 관찰해 기록하는 것도 좋은 방법이에요.== 어제의 ==나와 오늘의 내가 어떻게 달라졌는지 노트에 적어 보세요.== 별것 아닌 사소한 변화라도 눈으로 확인하면 뿌듯하고 마음이 훨씬 편해진답니다.

　기록한 것을 보면서 ==내가 바라는 내 모습에 조금 더 가까워졌다고 느끼게 되면, 변화하기 위해 노력하는 시간도 더 즐거워져요.== 그리고 언젠가 내가 바라던 모습에 다다랐을 때, 그동안 남겼던 기록을 다시 읽어 보세요. 분명히 또 다른 목표를 향해 나아갈 힘이 생길 거예요.

마음 돌보기 6-3
변화를 두려워하지 않는 **용기**를 가져요

닮고 싶은 사람을 본받는 것부터 시작해 봐요

긍정적인 사람이 되고 싶은 친구들이 많이 있지요? 항상 밝은 표정으로 상냥하지만 씩씩하게 자신의 마음을 말할 수 있는 사람이 되고 싶다면, 닮고 싶은 사람의 말투나 행동을 본받아 보세요. 예를 들어, 그 사람이 웃는 얼굴로 인사하면 똑같이 웃으며 인사해 보세요. 누구에게든 말을 잘 거는 게 부럽다면 나도 한번 해 보는 거예요.

처음엔 익숙하지 않아서 인사조차 어렵게 느끼는 친구들도 있을 거예요. '인사는 얼마나 큰 소리로 해야 하지?', '무시당하면 어쩌지?', '친구들이 안 어울린다고 비웃을지도 몰라.'와 같은 걱정이 자꾸 떠오를지도 몰라요. 하지만 불안하고 걱정스러운 마음이 드는 건 자연스러운 일이에요. 변화한다는 건 지금까지 편안하게 지내던 모습에서 벗어나, 새로운 나를 향해 한 걸음 내딛는 일이니까요.

일단 행동한 나를 칭찬해주세요

'되고 싶은 나'가 되려면 불안과 걱정, 두려움과 같은 고통을 받아들일 용기가 필요해요. 그렇다면 용기는 어떻게 생길까요? 힌트는 일단 행동해 보는 거예요.

사람은 생각을 많이 할수록 행동하기 더 어려워져요. 그러니 때로는 오래 고민하기보다는 바로 행동으로 옮겨 보세요. 그러면 '되고 싶은 나'에 더 빠르게 가까워질 수 있어요. 물론, 생각을 행동에 옮긴다는 건 말처럼 쉽지 않아요. 큰 용기가 필요한 일이에요. 행동한 일이 잘 되면 큰 성과를 얻을 수 있지만, '실패하면 어떡하지?'라는 생각 때문에 불안해져 뒷걸음질 치게 될지도 몰라요. 만약 실패하더라도 '실패했지만, 일단 행동한 내가 정말 대단해!'라고 스스로를 칭찬해주세요. 그렇게 하다 보면 변화에 따르는 아픔을 받아들이는 힘과 용기가 자라날 거예요.

건강한 마음을 만드는 몸 돌보기 ③

회복력을 높여주는
질 좋은 수면

잠을 잘 자는 것은 사람이 살아가는 데 아주 중요해요. 푹 자고 나면 에너지가 충전돼 집중력과 기억력이 좋아지고, 몸과 두뇌도 쑥쑥 성장하지요. 잠을 자는 동안 마음도 함께 쉬면서 회복되기 때문에, 좋은 수면은 몸과 마음을 모두 건강하게 지켜준답니다.

잠을 잘 자고 싶다면 먼저 잠자리를 정돈하는 것부터 시작해 보세요. 정리정돈을 해서 편히 쉴 수 있는 환경을 만드는 거예요. 매일 비슷한 시간에 자고 일어나는 규칙적인 습관을 만드는 것도 중요해요.

그 외에도 잠자리에 들기 전에는 PC나 스마트폰처럼 블루라이트가 나오는 전자기기는 멀리하고, 저녁 식사는 잠자리에 들기 3시간 전까지 마무리하는 게 좋아요. 또 간단한 스트레칭으로 몸의 긴장을 풀어주면 수면에 도움이 돼요. 이렇게 매일 밤 나만의 건강한 수면 습관을 지켜 간다면, 아침마다 상쾌하게 일어나 하루를 힘차게 시작할 수 있을 거예요.

마음 상담 창구

마음이 힘들고 괴로운데 친구나 가족에게 고민을 털어놓을 수 없다면 아래의 상담 창구를 이용해 보세요. 누군가에게 털어놓는 것만으로 마음이 편안해질 수도 있어요.

네 편이 되어줄게, 24시간 청소년 상담 서비스

9세부터 24세까지라면 낮밤 언제든지 전화, 문자메시지,
온라인(웹채팅, SNS 메신저)으로 전문 상담가와 상담할 수 있어요.
친구 관계, 가족 관계, 가출, 학교폭력, 성폭력 등 고민을 털어놓고 도움을 받아 보세요.

📞 **지역번호+1388**   ✉ 카카오톡 '청소년상담 1388' 채널   🌐 www.1388.go.kr

24시간 학교폭력 신고 SOS

괴롭힘을 당하고 있거나 누군가 당하는 걸 목격했다면, 혼자 고민하지 말고 도움을 요청해 보세요.
이름을 말하지 않아도 되고 문자메시지로도 신고할 수 있어요.

📞 **117**   ✉ #0117   🌐 www.safe182.go.kr

한국아동청소년심리상담센터

전화로 상담 예약 후 센터에 방문해서 상담을 받을 수 있어요.
방문은 수요일 오전 10시부터 오후 7시까지 가능해요.

📞 **02-511-5080**   🏠 서울특별시 강남구 선릉로 76길 7(JH빌딩 4층, 5층)
🌐 www.kccp.kr

정신 건강을 위한 상담 전화

마음이 힘들고 괴로운 사람들을 위한 상담 창구예요. 24시간 전국 어디서나 통화할 수 있어요.

📞 **1577-0199**   📞 국번 없이 129

나가며

　이 책을 끝까지 읽어주셔서 고맙습니다. 책을 읽으며 어떤 기분이 들었나요? '마음 돌보기'를 통해 내 앞의 문제에 대처할 수 있다고 생각하니 왠지 용기가 샘솟지 않나요?

　꼭 기억했으면 하는 것은, 한 번 도전해서 실패하더라도 너무 실망하지 말라는 거예요. '마음 돌보기'는 완벽하게 해내는 것이 아니라, 직접 실천해 보는 데 의미가 있답니다. 처음부터 잘되지 않더라도 여러분의 능력이 부족해서가 아니에요. 방법이나 시기가 맞지 않았던 것뿐일지도 몰라요. 그럴 때는 책에서 소개한 다른 방법들을 차분히 시도해 보세요.

　만약 실패했다면 '어디서부터 잘못된 걸까?' 하고 스스로에게 물으며 생각을 글로 적어 보세요. 그리고 다음에는 어떻게 해 볼지 계획을 세우는 거예요. 그래도 잘 안된다면 여러 번 다시 시도해 보세요. 다시 하고, 또 해 보는 과정에서 왜 잘 안됐는지 스스로 깨닫게 될 거예요. 방법이나 시기를 조금씩 바꿔 보거나, 새로운 방식을 시험해 보면서 여러분에게 딱 맞는 길을 찾아가길 바랍니다.

그리고 실패한 경험뿐 아니라 성공한 경험도 함께 기록해 두면 좋아요. 실패했을 때와 비교해 보면서 '이번에는 왜 잘 되었을까?'를 스스로 이해할 수 있거든요. 이렇게 기록하는 습관은 복잡한 마음을 정리하고, 그때의 상황을 차분히 돌아보도록 도와줄 거예요. 나 자신을 한 발짝 떨어져 객관적으로 바라볼 수 있게 되면, 답답했던 마음이 한결 가벼워지고 하루하루가 훨씬 즐거워질 거예요.

최근 미국의 연구에 따르면, 감사하는 마음은 몸과 마음 모두에 좋은 영향을 준다고 해요. 거창한 게 아니어도 괜찮으니 매일 '오늘 고마웠던 일'을 하나씩 찾아 적어 보면 어떨까요? 그렇게 하다 보면 어느새 더 멋진 나로 성장해 있을지도 몰라요.

일본 조치대학교 심리학과 교수
요코야마 쿄코

참고 문헌

- 《왜 아무도 알려주지 않은 거죠?》 줄리 스미스(Julie Smith) 저, 지식서가, 2024
- 《힘들 때 자신을 지키는 법》 마스다 후미(増田 史) 저, 나쓰메샤
- 《Looking After Your Mental Health》 엘리스 제임스(Alice James), 루이 스토웰(LouieStowell) 저, 어스본 북스
- 《10대의 '귀찮아'가 편해지는 책》 우치다 가즈토시(内田 和俊) 저, 가도카와
- 《사춘기를 살다》 오노 요시로(小野 善郎) 저, 후쿠무라 출판
- 《10대일 때 알아 둬야 할 꺾이지 않는 마음 만드는 법》 미즈시마 히로코(水島 広子) 저, 기노쿠니야서점
- 《10대부터 익혀야 할 아슬아슬한 나를 돕는 방법》 이노우에 유키(井上 祐紀) 저, 가도카와
- 《자신감 스위치 10살부터 시작하는 긍정적인 습관 39》 나카시마 데루(中島 輝) 저, 임프레스
- 《'왜?'로 시작되는 몸의 과학 '느끼다·생각하다' 편》 가토 후사오(加藤総夫) 감수·해설, 보육사
- 《초등학생·중학생의 '마음의 병' 사전》 이치카와 히로노부(市川 宏伸) 감수, PHP연구소
- 《몸과 마음의 신비 시리즈 제3권-마음과 이어져 있는 몸》 후지타 가즈야(藤田 和也) 저, 앨리스관
- 《긍정 심리학&회복 탄력성 교육》 히시다 준코(菱田 準子) 저, 책의숲출판
- 《멋진 생명 3 - 마음이 만들어지는 법》 아라이 헤이이(新井 平伊) 감수, 가와데쇼보신샤
- 《What to do when your brain gets stuck》 돈 휴브너(Dawn Huebner), 매지네이션 프레스
- 《What to Do When Bad Habits Take Hold》 돈 휴브너, 매지네이션 프레스
- 《What to Do When Mistakes Make You Quake》 클레어 프릴랜드(Freeland, Claire A. B.), 재컬린 토너(Toner, Jacqueline B.), 재닛 맥도널(McDonnell, Janet) 공저, 매지네이션 프레스
- 일본 문부과학성 홈페이지
- 일본 후생노동성 홈페이지
- 일본 법무성 홈페이지

10SAIKARANO KOKORO CARE supervised by Kyoko Yokoyama
copyright © 2024 Kumon Publishing Co., Ltd. All rights reserved.
Original Japanese edition published by Kumon Publishing Co., Ltd.
This Korean edition is published by arrangement with Kumon Publishing Co., Ltd., Tokyo
in care of Tuttle-Mori Agency, Inc., Tokyo, through Danny Hong Agency, Korea

이 책의 한국어판 저작권은 대니홍 에이전시를 통한 저작권사와의 독점 계약으로 서사원 주식회사에 있습니다.
저작권법에 의해 한국 내에서 보호를 받는 저작물이므로 무단전재와 복제를 금합니다.

초판 1쇄 인쇄 2025년 9월 11일
초판 1쇄 발행 2025년 9월 22일

대표 장선희 **총괄** 이영철

기획위원 김혜선 **책임편집** 강교리
기획편집 조연곤, 최지수 **외주편집** 박현선
디자인 이승은, 장혜미 **외주디자인** 올컨텐츠그룹
마케팅 김성현, 양아람, 이은진 **경영지원** 전선애

감수 요코야마 쿄코 **표지 일러스트** tsuno
본문 일러스트 tsuno, 코르시카, kiki 쿠리모토
집필협력 나가오 요코, 야마모토 나오, 오구라 고헤이
편집 가와사키 유리에, 요시다 하루(Creative-Sweet Co., Ltd.)
표지·본문 디자인 후지쓰카 쇼코

펴낸곳 서사원주니어 **출판등록** 제2023-000199호
주소 서울시 마포구 성암로330 DMC첨단산업센터 713호
전화 02-898-8778 **팩스** 02-6008-1673 **이메일** cr@seosawon.com

홈페이지

인스타그램

ⓒ 요코야마 쿄코, 2025

ISBN 979-11-6822-466-7 73180

• 이 책은 저작권법에 따라 보호를 받는 저작물이므로 무단 전재와 무단 복제를 금지합니다.
• 이 책 내용의 전부 또는 일부를 이용하려면 반드시 저작권자와 서사원 주식회사의 서면 동의를 받아야 합니다.
• 잘못된 책은 구입하신 서점에서 바꿔드립니다. • 책값은 뒤표지에 있습니다.

서사원은 독자 여러분의 책에 관한 아이디어와 원고 투고를 설레는 마음으로 기다리고 있습니다.
책으로 엮기를 원하는 아이디어가 있는 분은 서사원 홈페이지의 '출간 문의'로 원고와 출간 기획서를 보내주세요.
고민을 멈추고 실행해보세요. 꿈이 이루어집니다.